J'ai jamais rien compris
à l'économie mais ça je comprends

一本书读懂从来没懂的经济学

[法] 吉勒·拉沃
(Gilles Raveaud)
著

卞婉钰
译

孙佳雯
审校

北京联合出版公司
Beijing United Publishing Co.,Ltd.

图书在版编目（CIP）数据

一本书读懂从来没懂过的经济学 /（法）吉勒·拉沃著；卞婉钰译. -- 北京：北京联合出版公司，2021.3
ISBN 978-7-5596-3996-7

Ⅰ. ①一… Ⅱ. ①吉… ②卞… Ⅲ. ①经济学－基本知识 Ⅳ. ①F0

中国版本图书馆CIP数据核字（2020）第033744号
北京市版权局著作权合同登记 图字：01-2020-6618

Published in the French language originally under the title:
J'ai jamais rien compris à l'économie mais ça je comprends
© 2015, Tana éditions, an imprint of Edi8, Paris
Simplified Chinese edition arranged through Dakai - L'Agence

Simplified Chinese edition copyright © 2021 by Beijing United Publishing Co., Ltd.
All rights reserved.
本作品中文简体字版权由北京联合出版有限责任公司所有

一本书读懂从来没懂过的经济学

作　　者：[法]吉勒·拉沃（Gilles Raveaud）
译　　者：卞婉钰
审 校 者：孙佳雯
出 品 人：赵红仕
出版监制：刘　凯　马春华
选题策划：联合低音
责任编辑：云　逸
封面设计：何　睦
内文排版：薛丹阳

关注联合低音

北京联合出版公司出版
（北京市西城区德外大街83号楼9层　100088）
北京联合天畅文化传播公司发行
北京华联印刷有限公司印刷　新华书店经销
字数79千字　710毫米×1000毫米　1/32　4.5印张
2021年3月第1版　2021年3月第1次印刷
ISBN 978-7-5596-3996-7
定价：52.00元

版权所有，侵权必究
未经许可，不得以任何方式复制或抄袭本书部分或全部内容
本书若有质量问题，请与本公司图书销售中心联系调换。电话：（010）64258472-800

目 录

前言 经济学并没有那么复杂   1

如何理解图示   4
关于参考文献的注释   5

第一章 经济循环   7

经济是什么   9
公共行政和社会保障   11
银行   13
国际背景下的经济   15
国内生产总值   16
经济运行中的平衡   18

第二章 "光辉三十年":经济稳定期   23

财富的公平分配   25
生机勃勃的福特主义   27
增长的四台引擎   29
政治平衡   33

第三章 1973年经济危机：通货膨胀是最大的难题　37

经济增长的尾声　39
国际货币体系的崩塌　40
从石油危机到"工资–价格螺旋"　42
对抗通货膨胀！　46
通货膨胀中的赢与输　49
1974年危机还没有结束　52

第四章 股东资本主义：金融至上　55

利率为王　57
三大危机：货币、公共负债和老龄化　59
资本的自由流动　61
要股票还是要生活　63
不平等且危险的体系　66
危机、失业和债务　69

第五章　失业是必然的吗　　　　　71

失业的必然性　　　　　　　　73
工资收入与创造就业的悖论　　　74
工作的权利与创造就业　　　　　77
国家救助就业　　　　　　　　　79
重新掌控经济　　　　　　　　　82
工作时长减少　　　　　　　　　84
拒绝命运　　　　　　　　　　　85

第六章　从危机到负债　　　　　87

经济大萧条　　　　　　　　　　89
恐慌笼罩市场　　　　　　　　　91
债务的陷阱　　　　　　　　　　93
人为的负债?　　　　　　　　　96
如何减少负债　　　　　　　　　97
寻找出路　　　　　　　　　　　99

第七章　更公平、可持续的社会　103

灾难一样的现状　105
社会和环境的不平等并驾齐驱　106
碳税的斗争　107
二氧化碳减排——必要但还不够　109
能源过渡路线图　111
为什么平等对所有人来说都是最好的　112
资本回报　115
社会科学能拯救社会吗　118

结　论　121

参考文献　125

参考网站　133

前　言

—

经济学并没有那么复杂
THE ECONOMY IS NOT THAT COMPLICATED!

前　言　经济学并没有那么复杂

经济学虽然无处不在，却又难以捉摸。面对如此多数据、专家意见、工会或雇主的要求、政府的经济选择……如何理解其中的经济学奥妙呢？

本书想要阐述的观点是，经济学就像一台运行简易的机器。本书第一部分只包含一章内容，讲述"经济循环"，也就是经济主体之间最基本的关系。

第二部分讲述经济周期的规律，以法国经济自1945年以来的发展情况为例，包括辉煌三十年、1973年经济危机、股东资本主义三个重要时段。

首先带领大家回忆"辉煌三十年"，也就是1945—1973年，在这段时间里法国经济没有大震荡，人人都有工作。虽然也有生态、社会的失衡，但是劳动收入的增长速度与社会财富的增长速度一样快，从而确保了社会的充分就业。但是，20世纪60—70年代的经济增长内在"引擎"，也就是生产率的急剧上升，从60年代末起就开始放缓。外部原因也影响了增长，最主要的就是美元危机和石油危机。1973年经济危机严重影响了法国经济，引发了失业率急剧上升和高速的通货膨胀。

20世纪70年代的经济危机产生了持久的影响：国际货币体系秩序的消亡和国家债务的上升提高了金融的重要性。我们从此生活在"股东资本主义"的世界，其特征是日趋严重的不平等和日益加剧的金融危机。

完成这些铺垫后，我们就可以进入本书的第三部分。这一部分将讨论当今社会两个重要的问题：失业和公共债务。

解决失业问题已经成为当今社会的难题。常用的办法主要是降低劳动成本或提升就业市场的灵活度，同时还有其他的政策手段，比如增加公共投资、加强金融调控或减少工作时长。

国家却受自身债务所困，似乎很难采取行动。但是要知道，政府负债很大程度上是由过去的减税政策导致的，政府仍然拥有很多可以动用的资产。所以在不影响经济的前提下减少公共债务，并不是不可能完成的任务。

第七章（即本书的最后一章）指出了当今时代最严重的两大问题——生态灾难和不平等现象的加剧。生态失衡和经济不平等是彼此加剧的关系。在本书的最后，我们提出了改革的建议——打造可持续的经济发展、缓解不平等现象，让经济发展更人性化。

如何理解图示

本书使用了一些简单易懂的图示，便于读者理解经济运行。

最重要的图示位于第20至第21页，是本书解释经济原理的基础。

如有必要，读者可以参考这个图示，从而更好地理解基础的经济关系。

读者还可以运用这张图来比较"光辉三十年"时期和"股东资本主义"时期的经济运行，也可以比较第27—29页（"福特主义"）和第66页（经济运行中的"逃逸"）来帮助理解。

关于参考文献的注释

本书作者引用的所有参考文献都整理在本书附录部分，见第125页。

环境、企业、雇员、
政府、银行、国际贸易、
国内生产总值、
1929 年经济危机

第一章

—

经济循环

Economic Cycle

经济与自然环境的相互影响

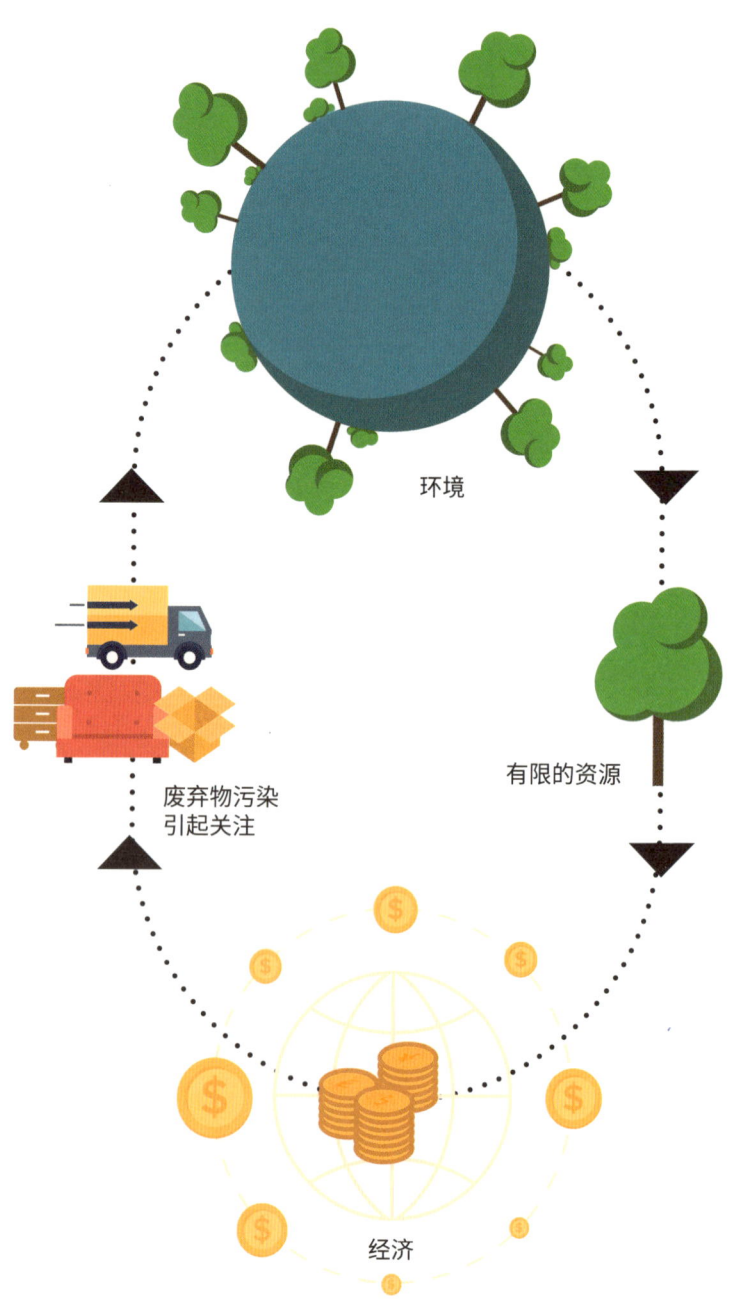

第一章 经济循环

经济是什么

经济首先是社会与自然环境之间的关系。自然环境给人类施加了种种限制（高山、沙漠、冻土等），也为人类提供了自然资源（矿产、肥沃的土壤、饮用水等）。人类利用自然（开垦土地、增加农业产出、物种杂交等），也制造了废弃物，向大自然排放有毒物质。

其次，经济是生产、消费、分配之间的关系，这种关系以货币流动的形式呈现。为了让经济有效运行，资金需要流动以实现贸易活动。

在我们的经济中，大部分人是通过劳动获得收入的。面点师、教师、商人等，每个人都会按月获得收入。这些收入会用于各种支出——房租、取暖、网络、食物、衣物、玩具、旅行、娱乐等支出会成为其他行业从业者的收入来源——房东、供暖公司、网络提供商、超市、商店等。

为了让经济有效运行，收入和支出之间需要平衡。如果所有人都不花费收入，商品无法出售，就会导致公司减员。相反，如果消费者有购买一切商品的强烈欲望，公司就可以从中获利，甚至提高售价，损害消费者。因此需要公司的支出（员工工资或其他个人收入）和收入（消费者的花费）之间达到平衡。

我们可以用下图来表示：

公司的支出也是它的收入

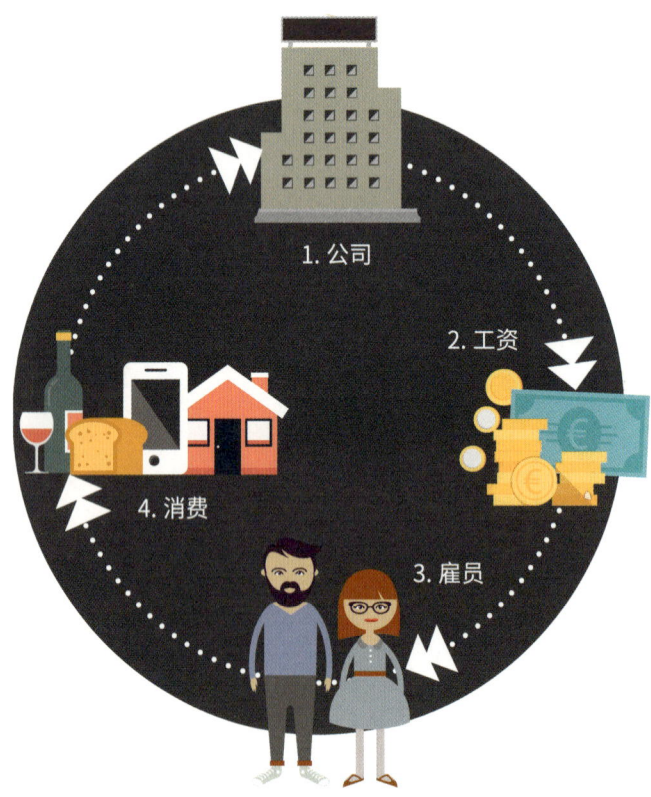

在满足收支平衡的情况下，公司可以售出所有产品，还可以维持雇员现状，无须裁员。

我们需要关注的不仅是公司与雇员之间的收入流动，在法国这样的经济发达国家，公共行政和社会保障也起着重要的作用。

公共行政和社会保障

政府的主要收入来源是税收，最主要的是每次购买商品时都要缴纳的增值税，你甚至感觉不到它的存在。政府还有三大赋税来源，按其重要性递减排序依次是：个人所得税、公司所得税和能源消费税。获得这些税收后，政府要支付公务员工资、投资、开展社会帮扶（住房、社会援助等），还要对企业进行补贴。

社会保障资金的主要来源是公司在员工工资之外支付的工资附加费。这些资金用于疾病、工伤意外、家庭和退休等四大社会保障领域，每项资金都有固定的用途，用于员工生病或工伤意外期间的补贴、退休金、家庭补贴等。此外还有失业保险，由工商业跨行业就业联盟（UNEDIC）收取之后，用于支付失业者生活所需（10%分配至政府机构就业指导中

国家与社会保障的收入、支出

心，用于失业者的帮扶和再就业）。最后，社会保障资金如同就业指导中心一样，由雇员和雇主联合管理，也就是说雇员和雇主的人数比例是一样的。

经济循环就像一台机器，它的有序运行需要"燃料"——资金。银行就是资金的提供者。

银　行

银行在经济运行中扮演重要角色，它的首要任务就是吸收企业和个人的存款。

银行的第二任务是发放贷款。银行具有独特的能力——制造资金。银行要发放10万欧元的贷款，无须从储蓄金里取出10万欧元，它也没有价值10万欧元的纸币，最多就只有1万欧元。

但是银行具备借贷到借款人账户的能力，可以将借款人账户的额度直接提升10万欧元，即我们所讲的"信用存款"。

一旦借款人的账户被贷记，就可以购房，并将钱支付至售房者银行账户。借款人按期偿还借款，他的银行账户欠款数额会逐渐减少至零。如果借款人按期还贷款，只要还清借款即可，不会产生其他额外的费用。

信用存款

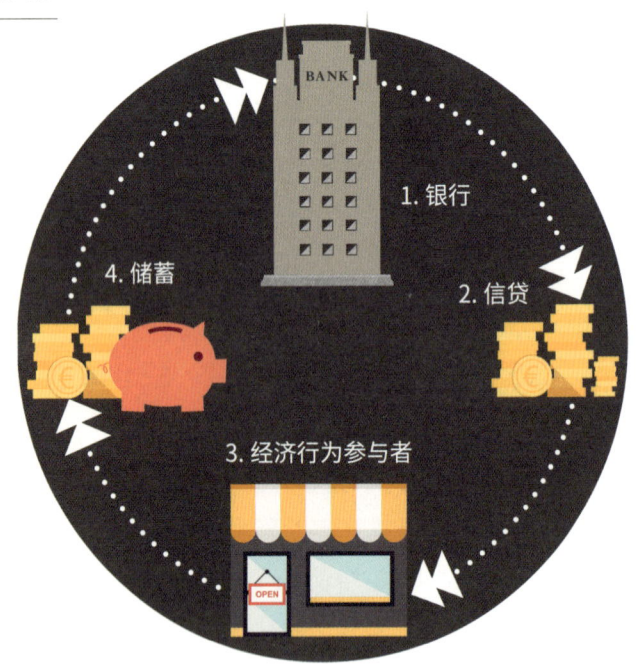

　　银行"制造资金"的能力带来了真实财富的增长：借款人通过借贷可以购买一处住宅，如果没有借款则无法实现。

　　我们有了一个完整的（当然只是框架结构）国民经济示意图，现在需要考虑与其他国家的联系。

第一章 经济循环

国际背景下的经济

当一辆法国制造的汽车被德国购买时,我们就会说法国完成了出口(或者德国实现了进口)。当中国生产的T恤衫在法国出售时,我们说法国完成了进口(或者中国实现了出口)。

只有企业可以出口，比如法国的电信公司或信息技术公司可以在美国提供服务。与此不同的是，所有的经济体都能够进口商品，只需要购买外国制造的产品就可以了。因此，不论是个人、市政府、国家部委、企业还是社保基金，都可以购买产自越南或印度的电脑时，这一行为被视为进口。

到这里，我们就讲完了经济循环的基本要素，其基础是企业与雇员的关系，以及与公共机构、银行的关系，最后是与其他国家的关系。

这样，我们就可以计算某个国家每年创造的财富，即国内生产总值。

国内生产总值

国内生产总值衡量的是一个国家国境范围内一年间创造的财富。因此国内生产总值是包含所有企业、协会、合作社、公共机构创造的附加值或者说净利润的总和。

为了计算一家企业创造的附加值，我们首先用这家企业的收入（称为"营业额"）减去生产支出（称为"中间消耗"）。于是，如果一家餐厅对一杯咖啡定价2欧元，其生产过程中购买咖啡豆、水、电等消耗0.4欧元，那么餐厅生产一杯咖啡的附加值就是1.6欧元（2欧元减去0.4欧元）。

国内生产总值是"国内"的，因为它衡量的仅仅是一国境内创造的总价值（不是净值，因为没有考虑到资本损耗）。但是企业、政府和消费者也可以进口商品，因此一国经济体具有的资源总额等于国内生产总值加进口。

通常情况下，一国境内所有商品和服务具有四个用途，且只有四个用途：家庭消费、企业投资、政府购买或出口。

我们可以写出以下等式：国内生产总值+进口=家庭消费+企业投资+政府购买+出口。

2014年，法国的国内生产总值为2.13万亿欧元*（即人均国内生产总值为3.2万欧元），进口为6500亿欧元。经济行为参与者可动用的全部资源总额是2.78万亿欧元。

资源总额中，46%用于家庭消费（42%用于购买产品和服务，4%用于购买住宅），投资占比9%，政府购买占比22%，出口占比23%。我们可以看出，在法国，家庭消费是企业生产的产品和服务的第一去向；为了让经济循环得以"闭合"，家庭需要拥有足够的收入。公共支出也是众多企业的生存关键，如果削减购买，会对这些企业不利。出口同样具

---

*2014年，欧元兑换人民币平均汇率为1欧元=8.1681元人民币。

有决定性作用，经济必须具有竞争力，才能实现持续的出口。企业投资占比较低，原因是经济危机的存在，当需求不足时，企业扩大生产的能力也遭到限制。

资源获取和使用之间的平衡并不是维持经济有效运行的唯一条件，当前社会由于市场活力不足，导致数百万人失业，因此众多其他方面的平衡被打破，这也会影响到经济运行。

经济运行中的平衡

本节使用的图示可能让人产生误解：两个箭头方向相对，并不意味着它们可以完全相互冲抵。在当今法国，政府的收入少于支出（自1975年以来一直是这样），也就是存在公共财政赤字。同样，自2003年以来，进口高于出口，法国处于贸易逆差状态。当然，这些不平衡现象并不一定会产生不好的结果，但应该意识到它们的存在。

有时经济运行会紊乱甚至崩溃。1929年就是很好的例子，华尔街股市暴跌将企业卷入恶性循环：企业销售额骤降，只能降低工资或裁员。普通员工工资下降，被迫减少消费，又带来企业销售收入的进一步下跌，只能继续裁员……没有什么办法遏制这个势头。面对大规模失业现象，政府只能饮鸩止

第一章 经济循环

渴,采取限制进口等办法,或者在非民主国家推行强制劳动。

1929年经济危机引起了大量劳动力失业和企业破产,其恶劣影响成为推动1933年希特勒上台执政的要因之一。经济危机和新兴的民族主义的结合让全球陷入第二次世界大战的恐慌之中。这次危机让经济学家意识到了市场需求在现代经济运行中的重要作用。英国经济学家约翰·梅纳德·凯恩斯（John Maynard Keynes,1883—1946）在1936年率先指出,有必要保证对企业的足够的需求,必要时甚至可以通过公共支出来刺激需求。

第二次世界大战的事实证明了通过政府干预经济的手段管理现代经济的可行性,美国就是一个最好的例子。战后,接管了政府的年轻领导人们——比如法国的让·莫内（Jean Monnet）,相信确定市场框架的必要性,希望通过重塑经济运行来避免危机和促进繁荣。他们的英明决策在随后的"光辉三十年"中得到了验证。

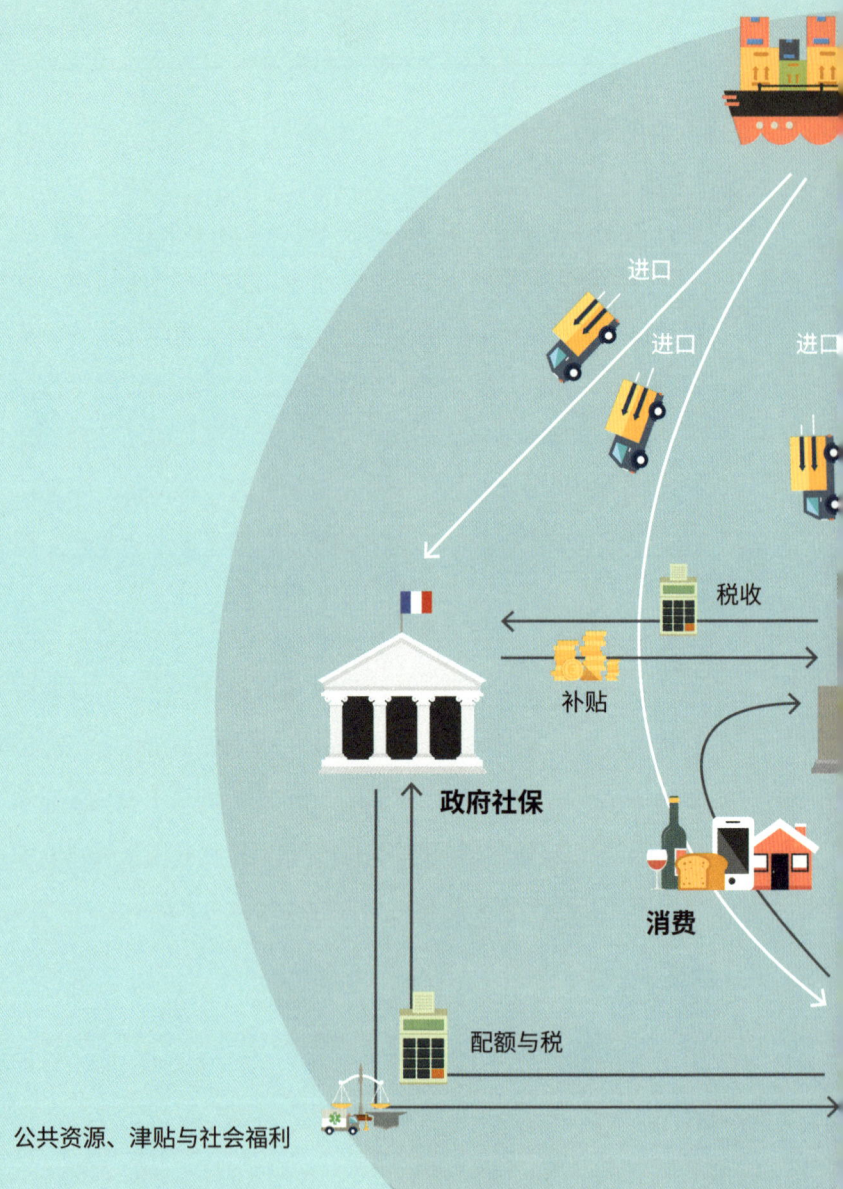

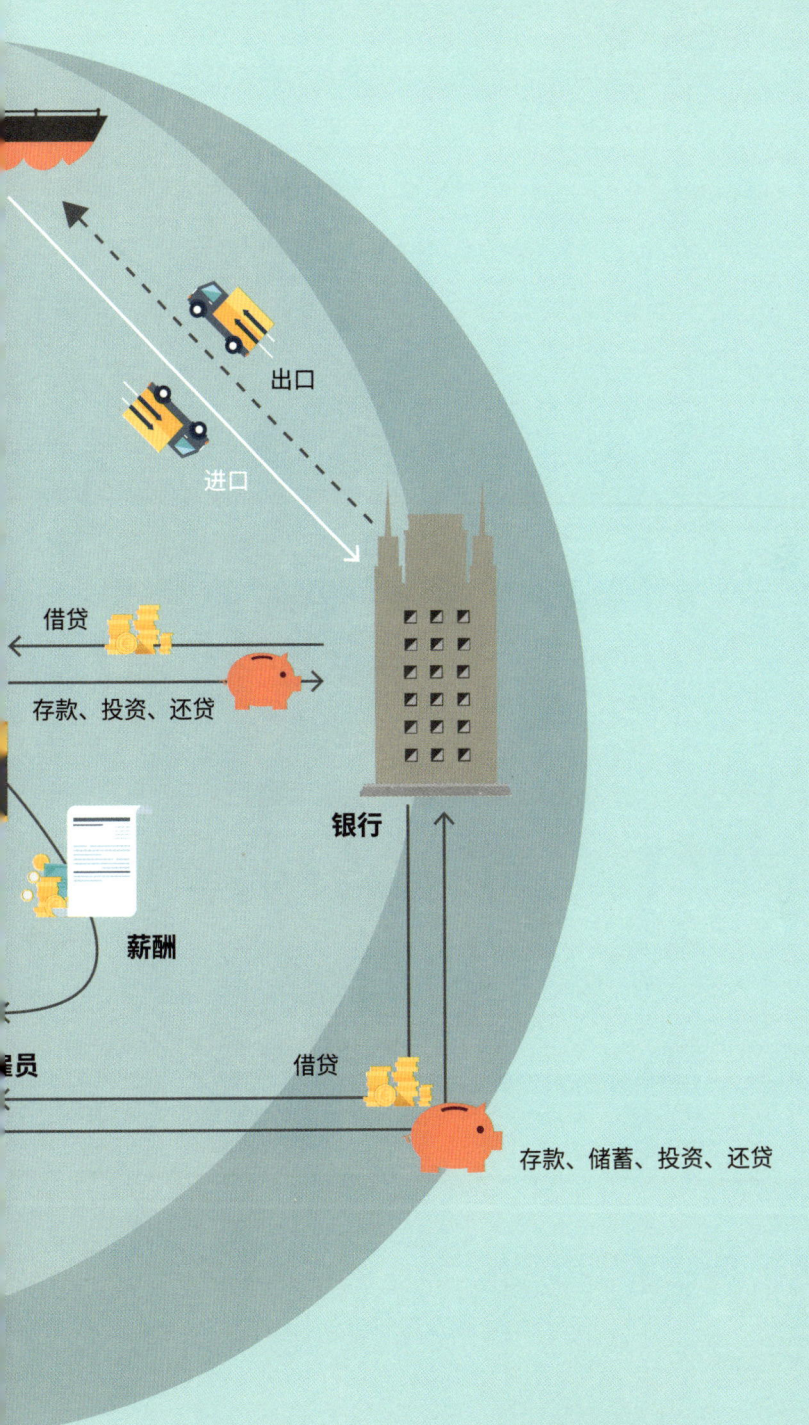

薪酬、利润、生产率、投资、充分就业

第二章

—

"光辉三十年":经济稳定期
Thirty Glory: Economics Stable

第二章 "光辉三十年"：经济稳定期

财富的公平分配

充分就业、生活水平提高、公共预算盈余、丰富而高效的公共服务……1945—1974年的法国是卓越不凡的。

这样的奇迹是否能够再次出现？答案是否定的。因为这三十年的光辉成就建立在对自然资源持续开发的基础上，今天已经不可能继续。但是"光辉三十年"给我们留下了重要的启示：稳定资本主义经济、实现充分就业是有可能做到的。

20世纪30年代的经济危机中首次出现了金融投机和不平等的现象，"光辉三十年"从中获得了教训。但是到了20世纪五六十年代，中产阶级得以壮大，金融稳定性不断提升，形成了与经济危机时期截然不同的景象。

更具体地说，"光辉三十年"的特征是雇员收入生产率的同步增长。

劳动者主要有两种收入来源：工资和企业为他们缴纳的社会保障金。为方便起见，我们把这两方面收入的总和称作"总薪酬"。劳动生产率的含义是一个劳动者在给定时间内的产出。比如，一个工人一小时可以安装200个螺丝。

为了保障经济稳定发展，员工总薪酬每年的增长速度应该与生产率的增长速度同步。如果一个工人一小时可以安装

稳定的财富分配机制和个人收入

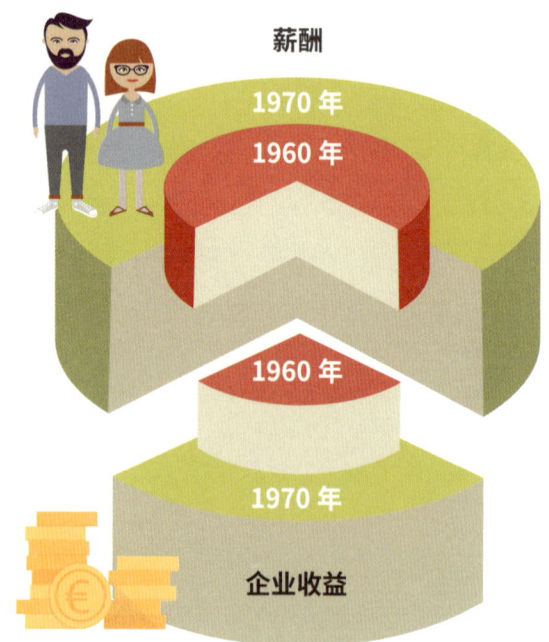

220个螺丝，那他的时薪也应增长10%。在每个螺丝带来的收益不变的情况下，公司总收益也会增长10%。换句话说，每一方的收入都得到了同步增长，财富的分配比例稳定不变，只是蛋糕越做越大了。

这些新创造的财富从何而来呢？这个问题的答案就是在这几十年间，通过学习美国先进的生产方法，如流水线生产等，生产率得到大幅度提高。

生产率的提高降低了生产成本，从而刺激了销售。下一步的问题在于了解企业如何分配和利用自己的收入。

生机勃勃的福特主义

企业的收益要用于支出各项费用，其中一部分是必须缴纳的企业赋税，还有银行利息、设备更换等必要支出。企业当然也有一系列问题需要权衡：是否购买新设备？是否通过分红的方式激励员工？是否给股东派息？是否储蓄资金用于未来使用？

当时，大部分企业的选择是继续投资，这给经济运行带来了新的需求。当标致汽车购买新设备或开设新工厂的时候，标致的投资就意味着为电气和建筑企业带来新的订单。

提高生产率是福特主义的核心

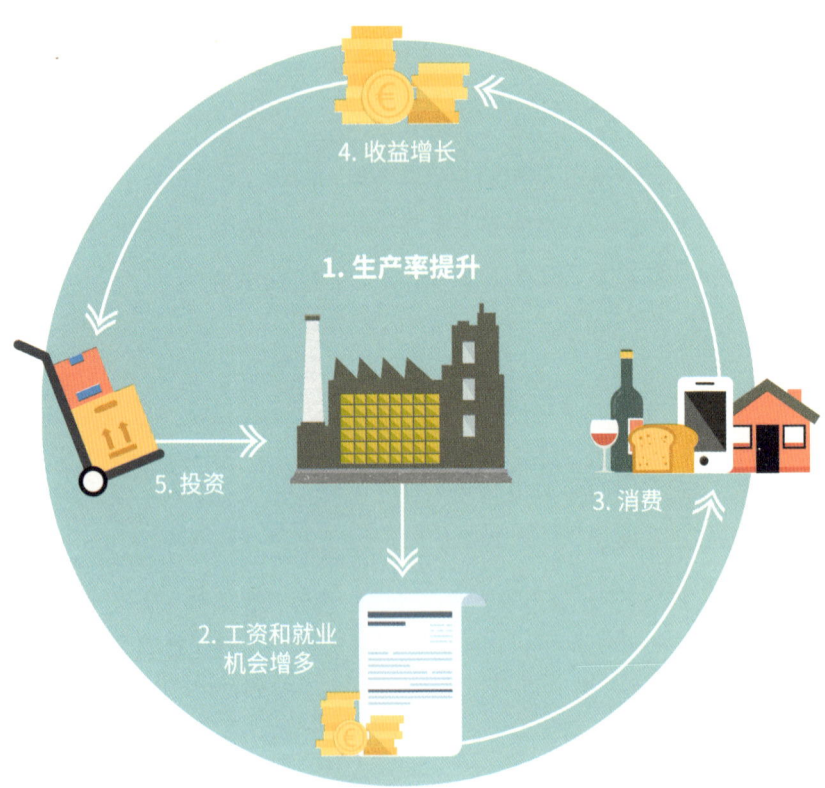

因此，企业创造出的财富有两个流向：雇员的总工资和企业的投资。这样就在大规模生产和大规模消费之间形成了良性循环。产量增加推动了工资增长，从而增加了消费需求，同时增加了企业的利润，然后又引起新一轮产量的增加（由于生产率的提升），员工的收入得以继续提升……

这个闭环被称为"福特主义"，为了纪念汽车制造巨匠亨利·福特（Henry Ford）。他是20世纪头十年最早使用流水线生产的人，同时以大幅度提升工人工资而著称。为了让工人愿意继续在艰苦环境下工作，他提升了他们的工资，同时让自己的工人变成了福特汽车的早期购买者。

家庭消费支出和企业投资是企业收入的两大主要来源。还有两个来源也很重要：国家支出和对外贸易。

增长的四台引擎

社会保障体系在战后得以逐渐完善，提高退休金、自1958年以后普遍推行失业补贴、医疗补贴等措施逐一推行。这些收入被称为"转移收入"，指的是资金从供款者（健康的雇员）向需要资助的领取补助者（生病、退休、失业等）之间的转移。另外，国家开始投资建设公路、学校、医院等开支对企业来说意味着新的订单。最后，我们还要记得国外市场，自1957年《罗马条约》签署之后，经济更加开放，国外市场的地位日益凸显。

如图所示，对一家企业来说，有四台引擎支撑了企业发展：

增长的四台引擎

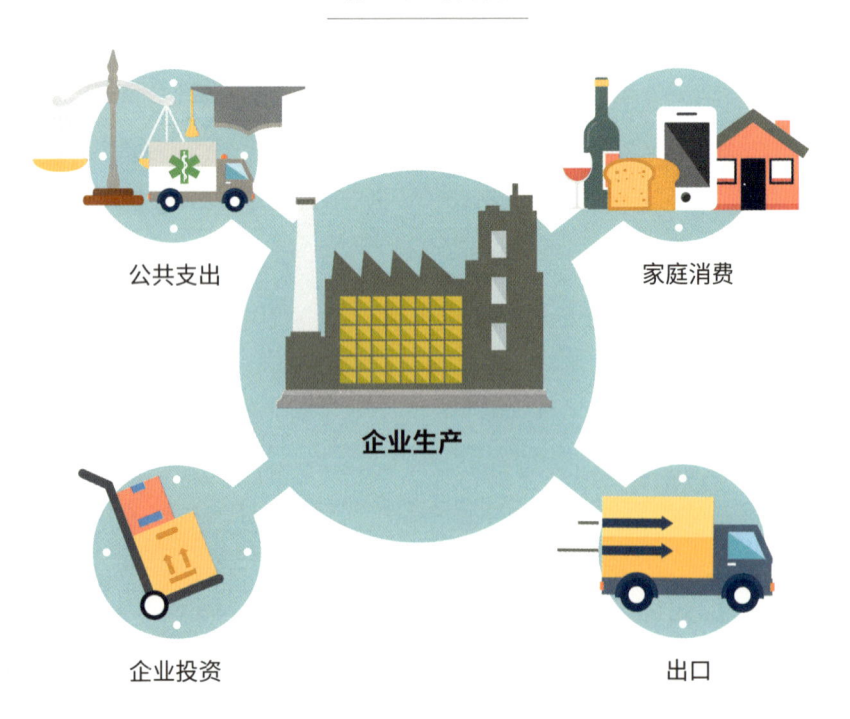

公共支出

家庭消费

企业生产

企业投资

出口

第二章 "光辉三十年"：经济稳定期

再次强调我们最基本的一个等式：

国内生产总值＋进口＝家庭消费＋企业投资＋政府开支＋出口

20世纪60年代，四分之三的市场需求来源于家庭消费（占总数的54%）和政府购买（19%）。因此，不断增长的工资收入就成为经济增长、就业、公共收入等的主要动力。出口只占总需求的12%，与投资（12%）相同。另外，还有其他占比很小（3%）的方面。

工资远非像今天这样被视为一种成本，因为它是企业生产和国内生产总值增长的重要动力。但是这种增长并不能解决所有问题，且当时的增长建立在过度开发自然资源的基础之上。

此外，不应忘记，生活和工作条件在20世纪60年代比现在差很多，这也就解释了1968年反抗运动。对于很多20世纪50年代出生的人来说，家里没有电话、浴室，汽车只是很少一部分人能够拥有的奢侈品。实际上，1962年，只有三分之一家庭拥有洗衣机或电冰箱，直到20世纪70年代这些电器的家庭普及率才达到80%。

现在人们不喜欢的廉租房，曾经是追求舒适的中产阶级

1962—2006 年家用电器普及率变化图

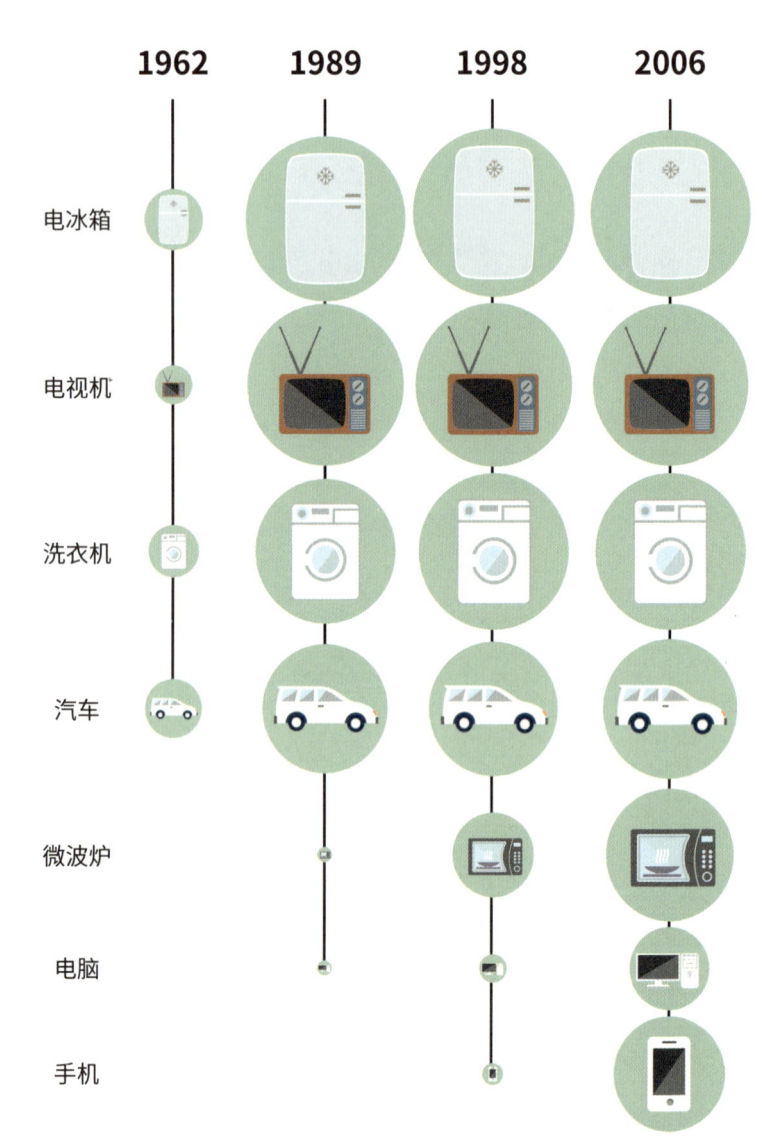

	1962	1989	1998	2006
电冰箱		●	●	●
电视机	●	●	●	●
洗衣机	●	●	●	●
汽车	●	●	●	●
微波炉		●	●	●
电脑		●	●	●
手机				●

的共同目标，因为那时候有成千上万的人住在巴黎郊区南特尔镇和大努瓦西镇的贫民窟里。此外，很多人14岁就开始工作，在嘈杂危险的环境里从事机械重复的工作。这些人虽然早早进入劳动市场，但获得医疗保障的机会很有限。以下数字可以引以为据，1960年法国的人均寿命为男性67岁、女性73岁，现在的数字已经上升至78岁和85岁。勒内·勒努瓦（René Lenoir）在1974年出版了一本名为《被排斥者：十分之一的法国人》的书，所谓的"被排斥者"其实已经占到法国人口的十分之一。

1972年，罗马俱乐部发布了名为"急于增长？"的报告，报告指出20世纪六七十年代的增长是不可持续的，因为它建立在将可用资源消耗殆尽的基础上。报告令人触目惊心：地球上的资源会被消耗殆尽，永恒的增长是不可能的[*]。

但事实仍然是，"福特主义"时代是一个经济平稳运行、财富不断积累的时期，它建立在一种非常特殊的政治平衡上。

政治平衡

1945年法国第一大政党——共产党的选票支持率为26%，

---

[*] 对于有疑虑的读者，1973年石油危机就是很好的证明。

到70年代末的选票率仍然有20%。苏联的崛起和法国共产党的巨大影响造成了颠覆资本主义制度的可能性，使得政治和经济领袖小心行事，避免播下潜在的"革命"种子。

1955年，工会化率被限制在20%，今天这个比例只有8%，工会的力量保证了工资谈判，从而使工人受益。最重要的是，就业市场对工人非常有利：不仅没有失业，法国经济还处于工作机会过剩的状态。企业不得不在国外找寻上百万外国打工者，把他们带到法国工作。政策支持购买力的提高，政治家安托瓦内·比内（Antoine Pinay）在1952年提出了将工资与物价挂钩的"浮动工资制"[1982年，总理皮埃尔·莫鲁瓦（Pierre Mauroy）取消了这项政策]。

因此，工人得以维护财富蛋糕中自己的份额。工会不会提出过多的要求，大部分都能够与企业达成共识，认为企业应该保留一部分附加值进行再投资（并用于创造更多工作岗位）。

工会与雇佣者之间形成了力量的平衡，这种"武装和平"确保了20世纪五六十年代的经济繁荣。到了70年代，这种平衡遭到破坏，引发了这一时期的经济危机。

石油危机、美元、工资份额、
分红、通货膨胀

第三章

—

1973年经济危机：
通货膨胀是最大的难题

1973 Crisis: Priority on Inflation Control

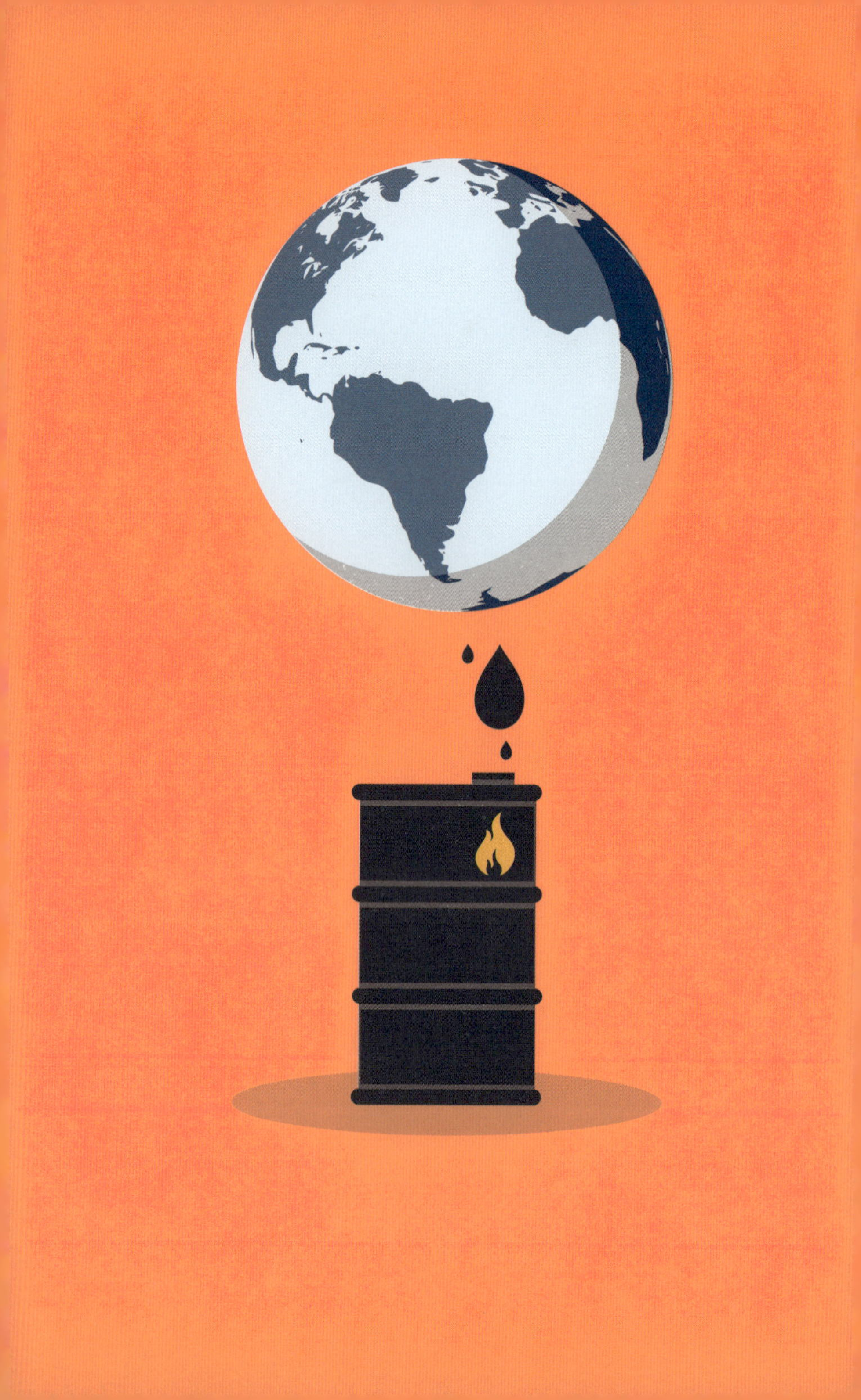

第三章 1973年经济危机：通货膨胀是最大的难题

经济增长的尾声

20世纪60年代让人们产生了一种幻觉，似乎"危机"已经永远地被终结了。经济增长似乎是无止境的，必要时可以通过公共开支加以帮助。但是到了60年代末，经济增长动力逐渐衰竭：生产率增长速度开始放缓。关于生产率增长速度突然放缓的原因，经济学家尚无定论，下面我们将具体分析其中三个原因。

首先，消费者的开销越来越多用于服务业，而服务业生产率增长低，甚至完全没有增长，特别是照顾客人的服务业：理发师理发不会越来越快，教师教书也不会越教越快。当然，部分服务业在电子信息化推动下，生产率已经得到了大幅提升。但从整体上看，服务业占比的增长实际上拖慢了生产率的提升。

此外，由于企业实现了生产多样化，以满足客户日益增长的需求，工业活动也经历了生产率的下降，毕竟客户不再希望拥有同样的产品，比如同样的洗衣机或者汽车。但是，生产个性化的产品要比大量生产相同的产品花费更多：这同样阻碍了生产率的提高。

对流水线工作的排斥心理也对"福特主义"造成了打击：众多工人拒绝从事工作环境艰苦的工作，要求工作上的自主权和个人价值的实现。学生也对物质化、刻板固化的社会风气感到不满。

因此，1967年，美国的生产率增长开始走下坡路，世界其他地方同样未能幸免。货币市场的失衡最终导致了石油危机，成为对经济衰退的致命一击。

国际货币体系的崩塌

虽然1973年危机本质上毫无疑问是石油危机，但它的源头是货币危机。1971年，1944年美国布雷顿森林会议建立的货币体系开始逐渐崩溃，为经济危机埋下了伏笔。

在"光辉三十年"期间，货币体系处于出奇稳定的状态，盟国都希望确保贸易的发展。所有国际贸易都建立在货币稳定基础之上，比如，如果想要购买（进口）一台美国汽车，首先需要购入美元。美国的制造商需要使用美元支付员工薪水、赋税和材料供应商。所以法国的汽车进口商必须兑换（出售）法郎来购买美元，从而购买汽车。问题在于美元（或法郎）的走势是剧烈波动的：一夜之间，购买汽车的价格对法国购买商来说就可能增加10%—20%，但是美元购买汽车的价格却没有变化。

第三章 1973年经济危机:通货膨胀是最大的难题

稳定的汇率最有利于国际贸易,也就意味着一美元始终兑换相同数额的法郎。布雷顿森林体系建立了"固定汇率体系",在正常情况下法郎兑换美元的价格不变。

当然,在某些时候仍然需要改变货币之间的兑换价格。如果法国的进口大于出口,法郎出售(法国人出售用于进口)就会大于购买(外国进口商用于出口)。法国需要货币贬值,也就是说使用更多法郎去购买一美元或一德国马克。相反,当一个国家进口小于出口,比如德国,就会经历货币升值,也即使用一德国马克可以购买更多美元。

这个体系一直运行良好,稳定的货币价格有利于国际贸易。但是到了20世纪60年代,人们对美国开始产生一些怀疑的看法。事实上,越南战争(1954—1975),以及时任美国总统林登·约翰逊(Lyndon Johnson)为了减贫和促进种族平等而在1964年提出的"伟大社会"举措,导致了美国的巨额预算赤字。加上从1971年开始出现的贸易逆差,这些因素最终促使人们对美元的价值产生怀疑。

但是,美元是唯一可以兑换黄金的纸币,法国企业出口至美国时,法国央行可以用出口赚取的美元兑换美国诺克斯堡储存的黄金。法国利用了这个体系,用美元兑换了大量金条。戴高乐对于美国这种"自己发行美元,然后拿着美元购买进口产品的行为"感到震惊。为了避免黄金储备继续减少，1971年8月15日，理查德·尼克松（Richard Nixon）总统宣布了一项根本性的改变：美元停止兑换黄金（美元贬值8%）。

美元价值的变化直接导致了1973年的石油危机，因为石油是以美元来结算的。产油国拒绝其收入伴随美元贬值而缩水，因此导致了"工资—价格螺旋"的产生。

从石油危机到"工资 — 价格螺旋"

第四次中东战争期间，美国向以色列提供帮助，导致作为石油输出国组织的阿拉伯国家成员在1973年10月16日决定停止向对以色列提供帮助的国家（美国和西欧）出口石油。虽然石油禁运并不彻底，但仍然导致了石油价格的快速增长，在1973—1974年增长了两倍。

石油及其附属产品用于许多产品的生产加工，石油价格的上升直接反应到整个经济运行中：企业提高产品价格，消费者购买力下降，雇员要求提高工资收入以购买产品。因为失业率较低且工会不断努力，这些要求一度得到满足，不过到了70年代，上述这些因素迅速地消失了。

但是工人工资的上涨也推高了企业成本，企业只能提高

通货膨胀螺旋

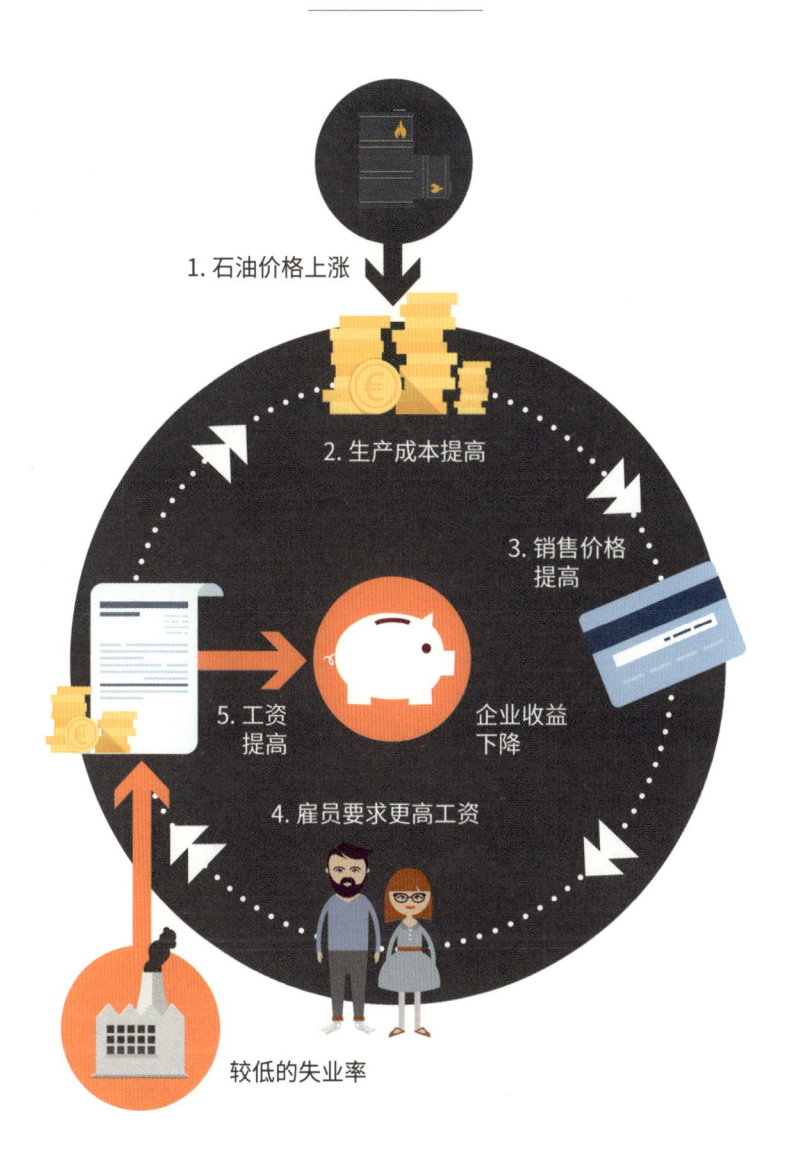

1. 石油价格上涨
2. 生产成本提高
3. 销售价格提高
4. 雇员要求更高工资
5. 工资提高

企业收益下降

较低的失业率

售价，最终又会导致工人再次要求加薪。就是在这种情况下，"通货膨胀螺旋"现象出现，工资随着商品价格的上升而不断上升。

20世纪70年代是60年代快速增长和之后缓慢增长之间的"过渡期"。石油危机发生时，工人及工会希望维持购买力的增长，但是工人工资的增长必须与生产率的提高同步，而当时的情况是生产率增速放缓。由于对购买力下降感到不满，工会要求高于生产率增速的工资增长，工人分得的社会财富比重变大。

上文提到，企业附加值包括"总薪酬"和企业利润。但是60年代的快速增长期之后，到了70年代，我们看到一个突出的现象：在数年时间内，财富的分配显然是有利于雇员的（见右图）。

自1982年开始，工人分得的蛋糕开始变小，直到1989年才重新恢复稳定，这时工人总薪酬在附加值中的占比较五六十年代下降了3%（从72%下降至69%）。[关于工人薪酬在附加值中占比下降的原因，有很多不同的推测。一般来说，让·加德雷（Jean Gadrey）提出的"国内生产总值3%的价值"的观点最有说服力，见本章参考文献。]

国内生产总值的3%即600亿欧元，法国约有2600万雇

工人薪酬在附加值中占比的升降

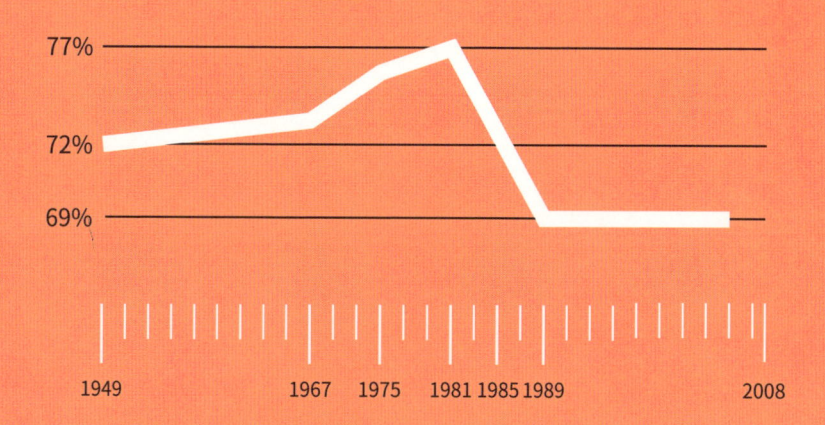

77%
72%
69%

1949　　　　　1967　1975　1981 1985 1989　　　　2008

员，也就意味着每人2300欧元。工人薪酬占附加值比重加大，每名工人每年可以获得1150欧元的净收入增长（约每月100欧元），且每名工人社保资金每年增加1150欧元，社会保障总收入每年增加300亿欧元。这个数字比现在的"社保亏空"大得多（2015年社保亏空约为130亿欧元）。

更具体地说，企业作为分红支付给股东的那一部分收益被夺走了。70年代中期，股东收入占总薪酬的3.8%，这个数字在2013年是13%，增长了两倍多。经济与社会研究所（IRES）的研究员米歇尔·于松（Michel Husson）表示："30年前工人一年有两周在为股东打工，现在是6周。"

这种发展可以用以下事实来解释：至少在那时，政府没有将提高工资作为优先事项。1979年的伊朗革命，加之两伊战争的爆发，中断了石油供给，情况进一步恶化。第二次石油危机让石油价格再次走高，1980年、1981年法国的年通货膨胀率超过了13%。控制物价成为政府工作的重中之重。

对抗通货膨胀！

失业率已经从1973年的2.8%上升至1985年的10.2%。失业率指的是正在积极寻找工作的人占总劳动人口的比重。还

第三章 1973年经济危机：通货膨胀是最大的难题

有部分"不积极"寻找工作的人，他们没有工作也并不想要工作，比如未参加工作的学生、退休人员、专职照顾家庭的人等。失业者指的是积极寻找工作的人，他们其实是"失去工作机会的雇员"。

法国国家统计与经济研究所数据表明，2015年7月法国城市中想要工作的人口数是2835万人，其中2550万人有工作，失业人口为285万人，失业率超过10%（285万人除以2835万人）。

20世纪70年代见证了严重的通货膨胀和失业，即"停滞性通货膨胀"（停滞+通货膨胀）。但从政治角度来看，打击通胀是重中之重。这种倾向是多种因素造成的，比如，保护储户的意愿或者受到芝加哥学派经济学家的影响，如1976年瑞典银行经济学奖（即诺贝尔经济学奖）的获得者米尔顿·弗里德曼（Milton Friedman，1912—2006）。但也因为通货膨胀的危险是"货真价实"的。

通货膨胀可能引发超级通货膨胀，也即货币将失去所有价值。如果一根法国长棍面包的价格是1000欧元，那么1欧元还能买什么呢？在这种情况下，最好拥有首饰、黄金等实物资产，而不是纸币或硬币，因为货币时时刻刻都在贬值。津巴布韦在2008年就曾经出现这种情况，一年之内物价上涨了2.3亿倍。

2013 年分红占比为总薪酬的 13%

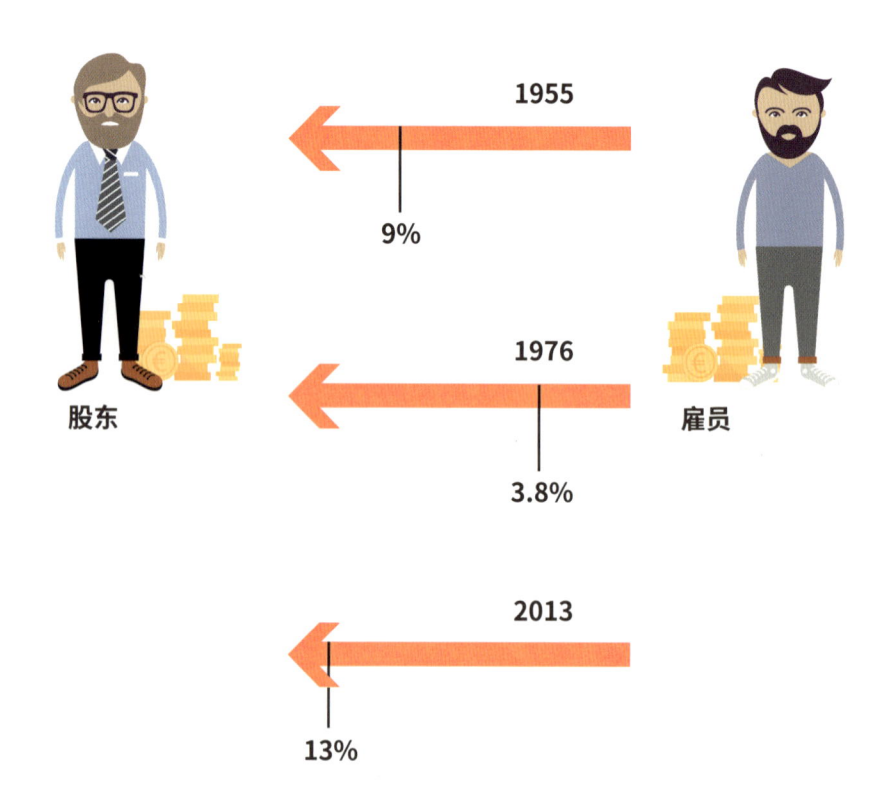

1955 — 9%

1976 — 3.8%

2013 — 13%

股东 雇员

通货膨胀会削弱购买力，特别是收入最低人群的购买力，因为他们的收入和补贴并非与物价一同提高。通货膨胀也会对企业造成影响，企业会推后投资项目并将资金转移到国外。抗击通货膨胀、保持物价稳定，似乎是最正确的决定。

但是事情其实并非如此简单，通货膨胀也有好的影响。

通货膨胀中的赢与输

想象一下，某工人1960年的月工资为1500法郎，房贷月供为500法郎，那么他每月还有1000法郎用于日常支出（食物、服装等）。1970年物价上涨了50%，由于浮动工资制，他的工资也上涨了50%，他的收入变成了2250法郎。由于物价上涨了50%，此人需要花费1500法郎用于日常支出，他还剩余750法郎。但是他的房贷月供并不改变，仍然是500法郎。他在支付了日常支出和房贷月供后，还剩余250法郎（2250-1500-500），但是1960年他的剩余金额为0。他的购买力大大提高了。

为什么会出现这种情况呢？因为他的贷款还款数额没有改变，工资却随着通货膨胀提高了，因此房贷占他收入的比率变小了。多亏了通货膨胀！

因此通货膨胀并不完全是坏事：它让成千上万的家庭拥有了房产。通货膨胀的神奇力量使得借贷人的还贷压力减小，

1960—2014年
法国的通货膨胀

购物篮

1960

1971

1974

1979

1983

1984

1985

1986

2014

第三章 1973年经济危机：通货膨胀是最大的难题

从而提高了生活水平。但要达到这样的效果，有两个必要条件：一是贷款利率必须低于通货膨胀率，二是收入必须与通货膨胀保持同步。如果这两个条件满足，通货膨胀就会起到"减轻负债"的作用。

那么经济循环中谁是负债者呢？拥有房贷和信用额度的家庭、国家、借贷用于投资和日常支付需求的企业，都是负债者。这也就意味着，经济循环中的参与者大多是负债者，除了银行。银行其实是通货膨胀中最大的输家，因为借贷者每月还款的500法郎已经无法满足银行支付员工工资，随着通货膨胀的到来，银行员工的工资也要提高。储户眼看着物价上涨让自己的存款无法保值，为了维持自己的购买力，就会要求被选举上台的官员保护民众的利益。

结论：通货膨胀有益于借贷者，不利于放贷者。抗击通货膨胀也就意味着保护放贷者，但不利于借贷者。不过这个结论只有在放贷者做出反应之前才是有效的。放贷者是可以采取行动的，例如，发放利率跟随价格上涨的贷款：在这种情况下，通货膨胀给借贷方带来的收益就消失了。

因此，通货膨胀不仅影响经济运行，还影响收入分配，有人获益也有人受损。但是在20世纪70年代，为应对通胀而建立的制度仍然有效。

1974年危机还没有结束

1974年石油危机意味着罗马俱乐部的预言生效了：西方社会的经济增长速度不可持续，现在是时候考虑原材料的短缺了。但是这次危机也改变了自20世纪30年代和法国解放（1944—1945年）以来的观点：经济上最大的敌人不再是失业，而是通货膨胀。

治理通货膨胀过程中，中央银行可以收紧信贷（下一章会具体讲述），这有可能不利于就业。从根本上说，治理通货膨胀对债权人来说是一种保护其债权价值的措施。经济增长不再是首要任务，资本主义翻开新的一页，迎来了"股东资本主义"的新篇章。

利率、负债、老龄化、新科技、资本的自由流动、股市、经济危机

第四章

—

股东资本主义：金融至上
Capitalist Shareholders: Financial Priority

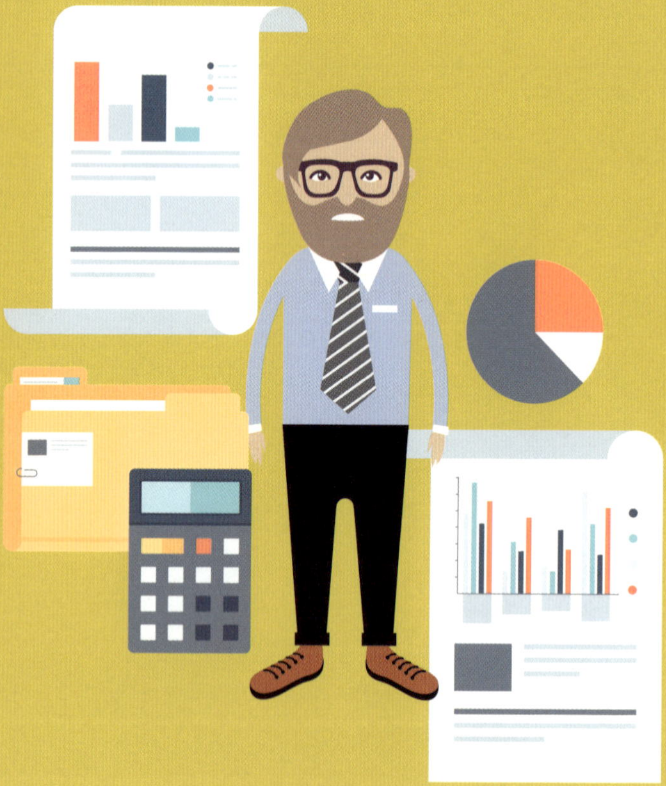

第四章 股东资本主义：金融至上

利率为王

之前我们已经讲解过，银行无须提供所有相应现金就可以发放贷款，但是他们必须以硬币和纸币的形式借出一部分（少量）钱。银行从欧洲中央银行获得这些现金，央行是唯一有权力发行所需要数额货币的机构。正是欧洲央行"无中生有"创造了欧元（虽然它的金库中有黄金和外汇储备）。

欧洲中央银行要求商业银行（法国兴业银行、法国合作信贷银行等）向其支付利息。中央银行的利息对商业银行造成成本，另外，商业银行还需要通过员工工资、管理费用、利润收入等来计算银行借款给客户的利息率（比如，央行的利率如果是2%，商业银行就可以设定为4%）。

值得注意的是，欧洲央行有权决定各个商业银行支付的年利率是1%还是10%。如果央行给商业银行的基础利率低，商业银行就可以给个人和企业提供有吸引力的利率；相反，如果央行想要控制放贷规模，就会提高利率。

借贷在经济活动中起着重要的作用，那么为什么要阻止个人和企业借贷呢？虽然控制信贷总额可以避免过度借贷的情况，但是实现这个目标的最佳方式还是采取严格的放贷标准。实际上，如果央行想要控制信贷，那么永远是因为央行担心通货膨胀。

我们可以看出，所有的借贷都意味着创造货币。如果银行放出大量贷款，个人和企业就有足够的资金可以使用，不会太在意价格。商家就可以提高商品价格，最终可能导致通货膨胀。这些机制的运行还受到经济参与者意愿的影响：通货膨胀越高，人们越想提高商品价格，导致通货膨胀加剧……相反，利率越高，则借贷越少，经济中流通的资金停滞不变，购买者希望减少开支，商品价格则不会提高，通货膨胀得到控制。控制利率对欧洲央行来说，是控制通货膨胀的最佳手段。

1979年起担任美国央行行长（美联储主席）的保罗·沃尔克（Paul Volcker）决定通过提升利率的方式彻底控制通货膨胀，年利率一度提高至15%。这个政策在美国迅速起到了减轻通货膨胀的作用，但是也将美国带入了经济大衰退：事实上，控制信贷也就意味着控制家庭消费和企业投资。高利率起到了控制通货膨胀的作用，但是也加剧了失业。我们甚至可以补充说，失业加剧会抑制工资的增长，又有利于控制通货膨胀……

在这样的情况下，物价迅速下跌：自1985年起，通货膨胀已经成为过去的噩梦，物价按照每年2%—3%有序增长。通货膨胀被打败了，我们是否该去解决失业问题了呢？

不幸的是，事实并非如此，20世纪70年代的经济失衡开启了金融把控经济命脉的历史，企业的盈利门槛进一步提高，国家的政策灵活度下降，两者都不利于创造就业机会。更具体地说，当前的金融力量来自三个方面：国际货币体系崩塌、公共负债增加和人口老龄化。

三大危机：货币、公共负债和老龄化

1979年，保罗·沃尔克开始担任美国央行行长（美联储主席），翻开了历史的新篇章——"股东资本主义"时代。这个我们至今仍在使用的体系有三个基本要素：商品和服务贸易的全球化、国际化的资本自由流动、高科技信息和通信技术的大量使用。

股东资本主义是在国际货币体系崩塌、美国经济困难尚未恢复的情况下产生的，固定汇率体系在1976年已经彻底瓦解。自那时起，世界上所有货币的价格每天都在变化，没有人知道第二天欧元兑换美元的汇率是多少。对企业和金融参与者来说，这种货币价值的变化意味着风险，也因此产生了很多预防风险的金融工具。

第二大危机是债务危机。美国1979年大幅提升利率，影响了所有美元借款者，其中包括很多拉丁美洲国家，它们都负债累累，突然间发现自己的美元还债压力加剧。墨西哥是第一个在1982年宣布无力偿还债务的拉美国家，从而揭开了第三世界国家债务问题的漫长篇章，至今仍未解决。

债务危机也严重影响了北半球的一些国家，它们面临经济衰退和汇率提高的严重问题，只能增加财政赤字。法国财政部长皮埃尔·贝雷戈瓦（Pierre Bérégovoy）在20世纪80年代中期开放了巴黎市场，以吸引各国居民将自己的储蓄托付给银行、保险公司或养老基金。公共负债的增加是金融市场发展的另外一个因素。

最后，第三大危机是人口老龄化。然而，家庭财富随着年龄的增长而急剧增加：2010年，户主30岁以下的家庭的财富是3万欧元，户主60—69岁的家庭的财富是35万欧元。人口老龄化导致了储蓄的增长。这还涉及一个令人惊讶的情况，即退休人员将储蓄投资于养老基金，间接地迫使雇员支付高额红利：社会矛盾除了资本家和工人之间的矛盾外，又增加了劳动者和退休人员之间的矛盾。

总而言之，金融市场受到了布雷顿森林货币体系瓦解、债务泛滥、人口老龄化的影响。由于资本自由流动的放开，资本市场将获得前所未有的发展。

第四章　股东资本主义：金融至上

资本的自由流动

金融是1929年经济危机的罪魁祸首，自此一直受到严格管控甚至是压制。1933年美国银行法，即《格拉斯—斯蒂格尔法案》，对向企业和个人提供贷款的银行（所谓的"储蓄银行"）与将更富裕的客户（包括个人和企业）的资金投入金融市场的银行（商业银行）进行了严格区分。这种区分的结果是，只有当商业银行破产的时候，它的用户才会损失钱财。如果这个银行同时是"储蓄银行"，那么国家就必须干预，从而保护家庭和企业的储蓄存款，正如2008年的情况一样。1999年，比尔·克林顿（Bill Clinton）废止了此法案。

还有其他很多限制措施，比如银行的业务资质审核、股票市场各种交易限制、银行贷款最大额封顶限制等，在20世纪80年代逐渐被取消。其中最重要的改革就是建立起资本的自由流动机制，这是由法国在1989年提出并要求所有欧元区国家遵守的。在这项改革的推动下，所有投资者都可以购买和出售任意数额的欧元，不受国家限制。

此项自由举措的推出是为了吸引国际投资者购买欧元区国家的公债及欧洲企业的股票或债券、在欧洲投资办公司。事实上，在上述情况下，减少资本流动限制让投资者能够有必要时轻松地撤资。

但是这种自由也引发了资本的迁移，资金开始迁至"避税天堂"。更普遍的是，与犯罪和黑手党网络有关的地下金融开始发展起来。此外，资本自由也会加剧不稳定性，投资者可能突然间将自己在一个国家的所有资本撤离，也有可能突然涌入一个国家扰乱资本秩序。

一般而言，资本的自由流动增强了金融对国家的控制，因为如果国家不执行最有利于企业获得利润的政策，资本就有可能威胁离开这一国家。这也就是为什么伟大的英国经济学家凯恩斯认为，1944年布雷顿森林体系建立的最大好处就是"让国家拥有了清晰控制资本流动的权责"，他本人也参与了该体系的建设。

虽然资本的自由流动成为众多国家坚持的原则，但并非所有的国家都遵循这一点，比如塞浦路斯、韩国和印度。1989年，经济学家约翰·威廉姆森（John Williamson）执笔撰写了《华盛顿共识》，资本的自由流动作为一项基本原则列入其中，另外他还提出了减税和削减公共开支、开放对外贸易、放松市场管制、国有企业私有化、保护私有财产等措施。《共识》虽然列出了贫穷国家（尤其是拉丁美洲）为从美国获得援助而必须遵守的条件，但我们可以看到，这与富裕国家特别是欧盟国家所奉行的政策一脉相承。

今天，资本完全自由流动仍然是欧盟的必要措施，尽管国际货币基金组织现在认识到，资本管制在危机期间是有用的，如1997年马来西亚或最近冰岛和塞浦路斯的情况一样。有时候有必要控制股票市场，从而保存经济实力。

要股票还是要生活

股票市场的创立是为了帮助需要资金的企业找到投资者。一个企业的可用财富我们称为"资本"，"资本"分成很多小部分——"股票"。持有一个企业的股票，也就意味着与其他投资者一起成为这个企业的共同拥有人。在企业召开股东大会决定重要事项的时候，特别是，股东拥有与其持有的股份数量相称的表决权（一股一票）。为了感谢股东，企业每年会准备一部分资金用于回馈股东，即"分红"。

法国里尔第一大学的经济学家洛朗·科多尼耶（Laurent Cordonnier）带领的五人经济学家小组经过研究指出：企业现在将80%的利润回报给了股东！这是他们用于投资的资本（可以提升和改善生产性资本）的两倍。我们知道，如果企业在股东身上花的钱是在改善生产工具上花费的钱的两倍，经济循环就不能良好运转。

企业想要发展壮大，就会"发行股票"：得到的资本就可以用于投资。但只有在创建新股时，公司才能收到资金。股票市场是一个巨大的二手市场，投资者可以在企业不知情的情况下转售股票。有投机者购入股票，希望短期就用更高的价格将其售出。

因此股票只能对企业的运行贡献很小，当企业需要资金的时候，应该优先使用其拥有的资金（我们称之为"自筹资金"），再使用银行信贷，股市只能给予少部分投资（少于10%）。但是公共政策研究所的一项调查表明，目前欧洲主要国家的国内生产总值有8%是在金融机构创造的，比如股票市场，是1950年的四倍（从2%提高至8%）。

由于体量庞大，股市对企业和国家有很大的影响力，主要是短期的。笔记本制造商戴尔集团的创始人迈克尔·戴尔（Michael Dell）在2013年购入公司的所有股票，是为了不受市场影响地推行他想要的战略。将公司抽离股市，也就意味着不需要每日看到自己公司的价值发生不必要的波动。羊群效应和投机行为导致价格波动不稳定，而股票市场被认为是公司估值的"场所"，决定着其"真实"价值。与之相反，股市就像是什么都可能发生的赌场，你会突然获得投资者的信任，也有可能遭遇没有理由的灾难。

但是股市对企业来说仍然有很多好处：将企业带入股市可以让企业名声在外、扩大规模、通过向企业高管分配股票作为补偿。此外，在公司成立的时候，可以通过这种办法来鼓励投资者；公司上市之后，还可以高价售出原始股。

最重要的是，当银行认为一些投资项目风险过高时，股市的价值就得以显现，因为这些项目有可能获利丰厚。比如在互联网领域，如果没有在股市上筹资，脸书、谷歌、亚马逊或者苹果就无法获得如此成就。谷歌2005年融资40亿美元，所以它能够为哈佛、斯坦福、牛津等高等学府的档案数字化提供资金。

然而股市并不是唯一能够为创新服务的：银行的传统借贷（可能是公共贷款）也可以担任这个角色。此外，当股东要求立即分红时，股票市场会减缓创新，因为这会阻止公司开发可能具有更高盈利能力的长期项目。

另外，股市的发展可能导致不平等和经济不稳定的爆炸式增长。

不平等且危险的体系

"福特主义"是一段经济稳定、金融管控严格的时期。自20世纪70年代开始,这种模式发生了逆转:金融越来越自由,而经济危机加剧、经济增速放缓。因此,就像克里斯蒂安·沙瓦尼亚纳(Christian Chavagneux)在《经济抉择》(*Alternatives économiques*)杂志上所写的,金融管制越放松的情况下,经济增长放缓且危机加剧。

事实上,股东的出现分走了员工的一部分蛋糕:因此,公司支付的收入(总薪酬和股息)与应计收入(家庭消费)之间存在资金"逃逸"。

当然,这种现象可以通过股东消费来填平。但是股东一般将自己的资金放在资本市场上,资金会不停循环。因此金融减少了对企业产品的需求,企业就没有动力投资。事实上我们发现,自1970年以来,欧洲企业的投资率就处于持平或者下降的状态,影响了经济增长,增加了失业。此外,股东收益影响了员工的收入,从而进一步减少市场需求。

此外,金融的发展会导致负债,美国和西班牙的住房贷款就是如此。各种"复杂的"金融工具使人们相信有可能消除与任何贷款有关的风险,银行开始盲目放贷,造成了巨大

股东资本主义循环中的漏洞

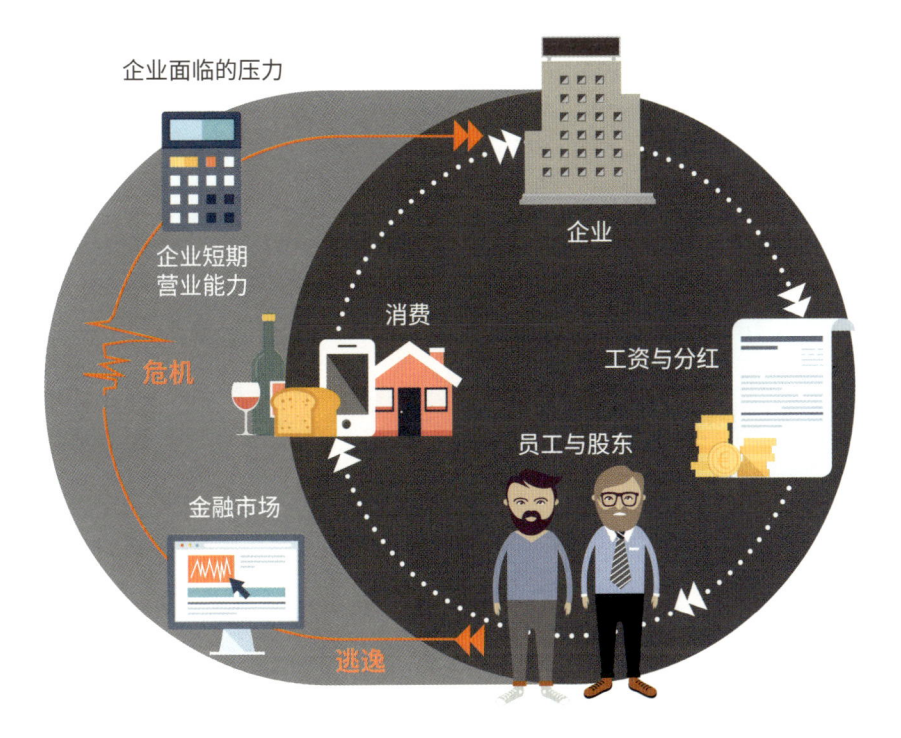

企业面临的压力

企业短期营业能力

危机

金融市场

企业

消费

工资与分红

员工与股东

逃逸

的债务泡沫，而当家庭没有能力偿还债务时，泡沫破裂了。股市吸引人们进行高风险投资，从小股民到大银行都是相同的情况，银行投资过度复杂的"金融工具"，当投机失败的时候就需要政府救市。再看一下20—21页的图，我们可以看到，经济循环的核心受到影响，经济增长必定受挫。

金融从业者的收入与其他行业相比，标准不一致。再看看其他大公司各部门高管的股票收益，我们可以看到，在股东和员工之间悬殊的收入差距之外，股市是拉大行业间收入差距的有力工具。但是最富有的人却只消费收入的一小部分，这导致了经济循环中的第二次"逃逸"。财富总量相同的两个社会中，不平等严重社会的消费能力低于不平等程度较低的社会，欠缺活力。

于是出现了两种极端情况：一种是高失业率（比如欧洲）；另一种是有很多简单的工作机会，但是雇员仍然贫穷（比如美国）。当然，近来的社会趋势让我们同时看到了高失业率和贫穷现象的抬头。不论是哪一种情况，股东资本主义都会加剧经济的不平等和不稳定，使社会经常受到经济危机影响，引发众多其他失衡。

第四章　股东资本主义：金融至上

危机、失业和债务

第四章很快将告一段落，首先我们学习了经济循环是如何运行的，建立起基本的经济关系，尤其是生产和财富分配之间的关系。

我们明白了为什么"光辉三十年"是一个充分就业的时代，但又无法持续。这也让我们具备了研究1973年经济危机的基础，理解工资份额的变化，以及在这段时期内众多的失衡现象。经济循环让我们明白了股东资本主义的特点，因为具有"逃逸"的现象，这个经济循环非常不稳定。

股东资本主义明显的特点是带来了大量失业。在法国，失业率自1982年起再也没有低于8%，经常达到10%。我们将开始学习第三部分的内容，研究当今法国经济和社会中的重大问题，其一就是缺少可入职的职位。

工资节制、结构性改革、凯恩斯主义政策、金融管控、工作时长缩减

第五章

—

失业是必然的吗

Unemployment: A Fate

工资单

公司

第五章　失业是必然的吗

失业的必然性

2015年，法国约有600万城市人口注册了官方就业指导中心网站（所有类型），也就意味着18—65岁成年人口的六分之一在这里注册。这种情况意味着人力资源的严重浪费：失业让人们的物质生活水平退化，产生强烈的失败、无用、迷茫感，损害他们的身心健康以及与家人和朋友的关系。失业往往与疾病、离婚、自杀等联系在一起。很多研究表明，说"失业能杀人"并不过分。

为什么经济体系不能让每个人都有工作呢？这个问题颠倒了问题的真正因果。真正的问题是：为什么人人都必须要有工作呢？对于任何想要找工作的成年人来说，没有理由总是有工作在等着他。

让我们想一下，一个乡村长大的年轻男子，在他身边所有人都有事做：商人、艺术家、公务员、银行家……他们都有自己的职业，不需要找帮手。于是这个年轻男子发现自己找不到工作，他虽然有生产能力，但是却无法施展这种能力。当然，还有其他解决办法：他可以创业，村里可以帮他在多个手工艺人、商人那里找到临时性帮工的活计，或者他可以帮助父母打理家族企业。

我们可以看到，虽然存在众多解决方法，但是对法国600万失业者来说，这些方法没有一个可以解决他们大部分人的问题。但还有另外一种受到那些最有影响力的经济学家和政治家青睐的方法：降低劳动成本。

工资收入与创造就业的悖论

我们已经看到70年代的经济危机一开始是有利于员工的，他们获得了更多的社会财富分配。但是之后由于企业无法盈利，形势急转直下，雇员的收入到了80年代骤降，但是企业利润占社会财富分配的比重急剧提升。

德国前总理赫尔穆特·施密特（Helmut Schmidt，1972—1982年任职）提出的"定理"证明了这种"利润恢复"的现象是合理的，即"今天的企业利润就是明天的投资和后天的就业机会"。换句话说，在欧洲，80年代开始的"工资节制"是增加就业机会、减少失业所必须付出的代价。这种理论在经济快速开放的情况下获得合理性，因为必须寻求更大的"竞争力"。

但该理论最后被证明是不正确的：预期的投资增长最后并没有出现。这个结果的出现是因为工人工资不再增长之后，

利润增长停滞　　　投资减弱

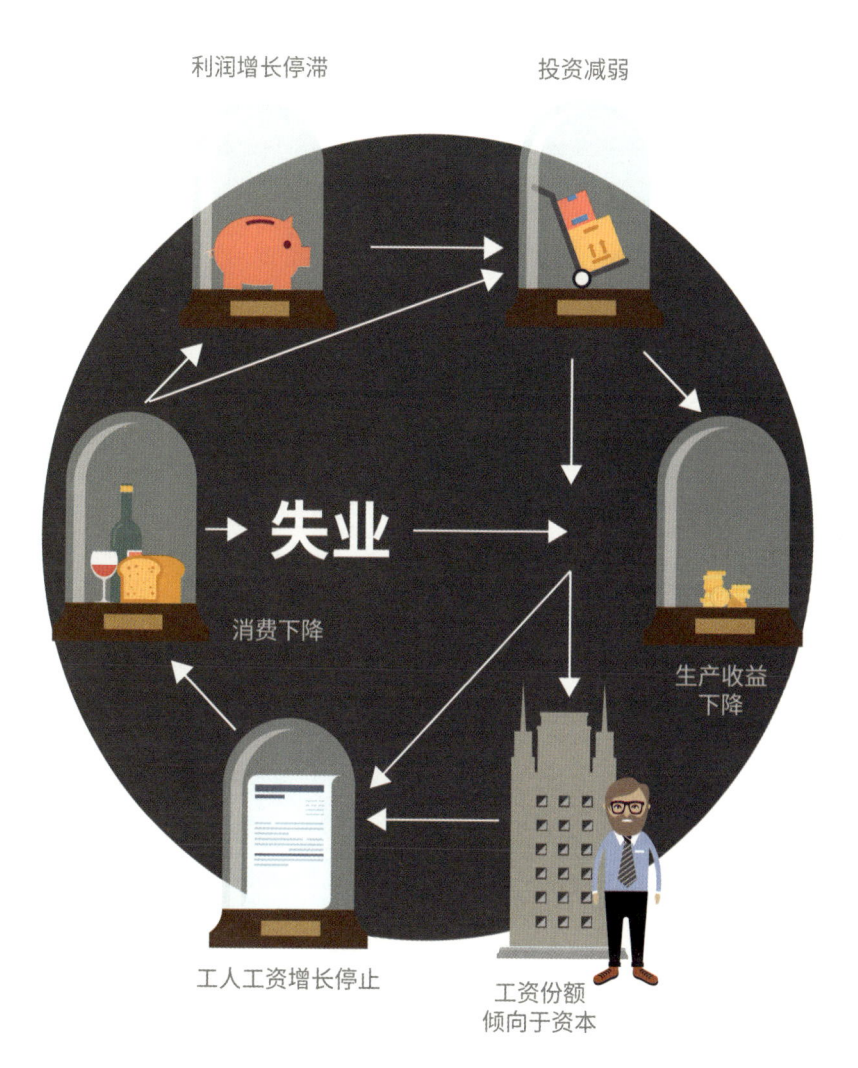

消费下降

失业

生产收益下降

工人工资增长停止　　工资份额倾向于资本

昨天的利润导致了……今天的失业

家庭收入不再增长，因此家庭消费受到限制。企业只有在出现新的客户需求时才会投资：如果货都卖不出去，为什么要开一家新的店铺呢？最后，虽然企业获得的国民财富蛋糕变大了，但是却没有起到预期的促进投资的作用。

然而，寻求工资限制仍然是欧盟的首要任务。2011年3月通过的欧元公约建立起了工资成本（包括公共部门）的监督机制，要保障劳动力成本的增长不能超过生产率增长速度。然而，另一方面，公约并没有规定下限在哪里。本书作者认为，工资的降低永远不会太明显。政策制定者并不认为工资收入是一种支持需求和创造就业的方式。

欧盟国家今天正处于一个僵局："工资限制"导致消费者的收入受限，各个国家由于沉重负债没有办法加大国家购买力度，私营企业由于市场需求不足因此不愿大量投资。换句话说，经济增长的四台引擎中有三台都坏了，只剩下最后一台——出口。国内没有足够客户的情况下，需要将商品出口到国外。

然而，为了实现出口，需要让德国消费者愿意选择法国商品，而不是西班牙、中国或美国商品。对法国这样的国家来说，最好的办法就是提高产品和服务的质量、去创新……但是这些解决方案都比较复杂棘手，实现起来需要时间。因此，决策者更愿意采取一个简单的解决办法：从人工成本开始，降低生产成本。

"工资节制"于是成为当权者的首要目标。但是这种政策一定会失败：如果整个欧洲工资收入都不高，去哪里找消费者呢？我们怎能看不到，一个国家会因出口增加而获益，而其他国家会因减少自己的出口而蒙受损失呢？

"工资节制"并不会减轻欧洲的失业问题，更有可能加剧失业，因为企业的产品没路可销。但是，这种政策的实施通常伴随着另外一种互补的政策，也就是通过降低劳动力市场的"刚性"来创造就业机会。

工作的权利与创造就业

对自由主义者来说，就业市场有一个很大的缺陷：它不按市场套路出牌。事实上，如果真的是这样，就不会出现失业现象：每当一个就业者来到劳动力市场，企业都会把自己的员工放入，与其竞争，倒逼这名就业者降低自己的薪水预期。因此，永远都存在一个合适的工资数额，当然是非常低的，最终能让各方同意。一定会有贫困的问题，但是至少不会再有失业。

然而，很多规则都限制了雇员与失业者之间的这种"自由竞争"，比如说最低工资保障、工会、劳动合同法规、失业救济……因此，对自由主义者来说，需要"结构性改革"来让劳动力市场更具竞争活力。比如，降低失业救济，提高救济门槛，设立"年轻人最低工资"标准（低于正常的最低工资标准），目的都是让没有工作经验的年轻人更有机会找到工作。

当然这些措施可能不利于员工。但是自由主义的政策依据就是考虑社会公平。的确，对自由派来说，雇员其实获得了比失业者更好的权利。更具体地说，处于劳动年龄且拥有工作的男人需要给年轻人、女人和移民提供空间。

有必要让公司开除无固定期限合同的员工变得更容易一些，否则公司会担心难以辞退这些人，从而减少雇佣人数。根据这一推理，更容易裁员将保证（对雇主而言）雇佣风险较低，因此保证了更多的雇佣机会，从而使每个人有机会展示自己的能力。因此，自由派提出的一种改革方案就是希望建立一个更灵活、更公平的劳动力市场，也就是让每个人都有机会，同时也是更有效率的市场，因为竞争使得企业可以招聘到最有生产能力的人才，并且鼓励每个人都努力工作。这一理论是由美国经济学家米尔顿·弗里德曼提出的，并在80年代被美国罗纳德·里根（Ronald Reagan）总统和英国撒切尔夫人（Margaret

第五章 失业是必然的吗

Thatcher）实践。但是，这些措施除了对贫困和不平等产生影响，还有一个严重缺陷，就是无法解释如何创造"额外就业机会"。而这个问题，后来被凯恩斯主义经济学家解决了。

国家救助就业

20世纪30年代经济危机时期，自由党派英国经济学家凯恩斯指出：在某些情况下，市场经济自我摧毁，同时毁灭民主。事实上，经济危机会导致企业裁员，降低员工收入，员工购买减少，企业生产减少，只能再次裁员……这个无休止的恶性循环使得由凯恩斯提出的这个经济循环规律出现问题，却没有解决方法。

凯恩斯还提到，金融危机并不是海啸或者地震，所到之处毁灭一切。1929年、2008年经济危机之后，企业仍然活了下来，世上的人们还在生活。因此，只需要在适合的地方采取行动，让经济这台机器重新运转起来。这个"地方"在凯恩斯看来就是国家：只有国家可以负债、购买、投资，为未来做准备，让每个人都有工作。

解决方法是大型工程，例如，确保向生态经济过渡。为了完成大型工程，公共当局向私营企业发号命令，让企业给失业者工作机会，失业者有了工作开始消费，新的市场需求就会创造新的就业机会……这样一个"良性循环"可以让经济走出危机。

当然，这些措施的实现并非每次都起作用。皮埃尔·莫鲁瓦政府在1981年采取的措施让德国企业大大受益，德国企业对法国的出口猛增。确实，在一个"开放"的经济中，想要实施恢复经济的政策是非常困难的：政府投入公民家庭中的钱并没有完全回到本国企业，而是流向了进口，在本国经济中形成了"逃逸"。同样，如果公民家庭不愿意消费，把收入都储蓄起来，或者人们的收入都被征税，没能消费，政策也会失败。此外，我们要明白，公共投资项目确实可以提高经济运行效率，满足社会需求。

反对凯恩斯的声音，一般会说政府负债太过严重。对此，凯恩斯主义者回答说：法国类似的国家在借款时，只需向其贷方支付2%的利息，这个利率比一个有活力经济体中的很多项目的收益率都低。此外，为了避免国家经济中的"逃逸"现象，应当在欧盟层面采取措施。欧盟国家彼此都是贸易往来国家，各国政府并没有严重负债，可以在市场上借款。

最后，凯恩斯主义还包含税收方面，即提高高收入阶层的赋税，将其重新分配给低收入阶层。但是伦敦政治经济

重启经济政策中的三处"逃逸"

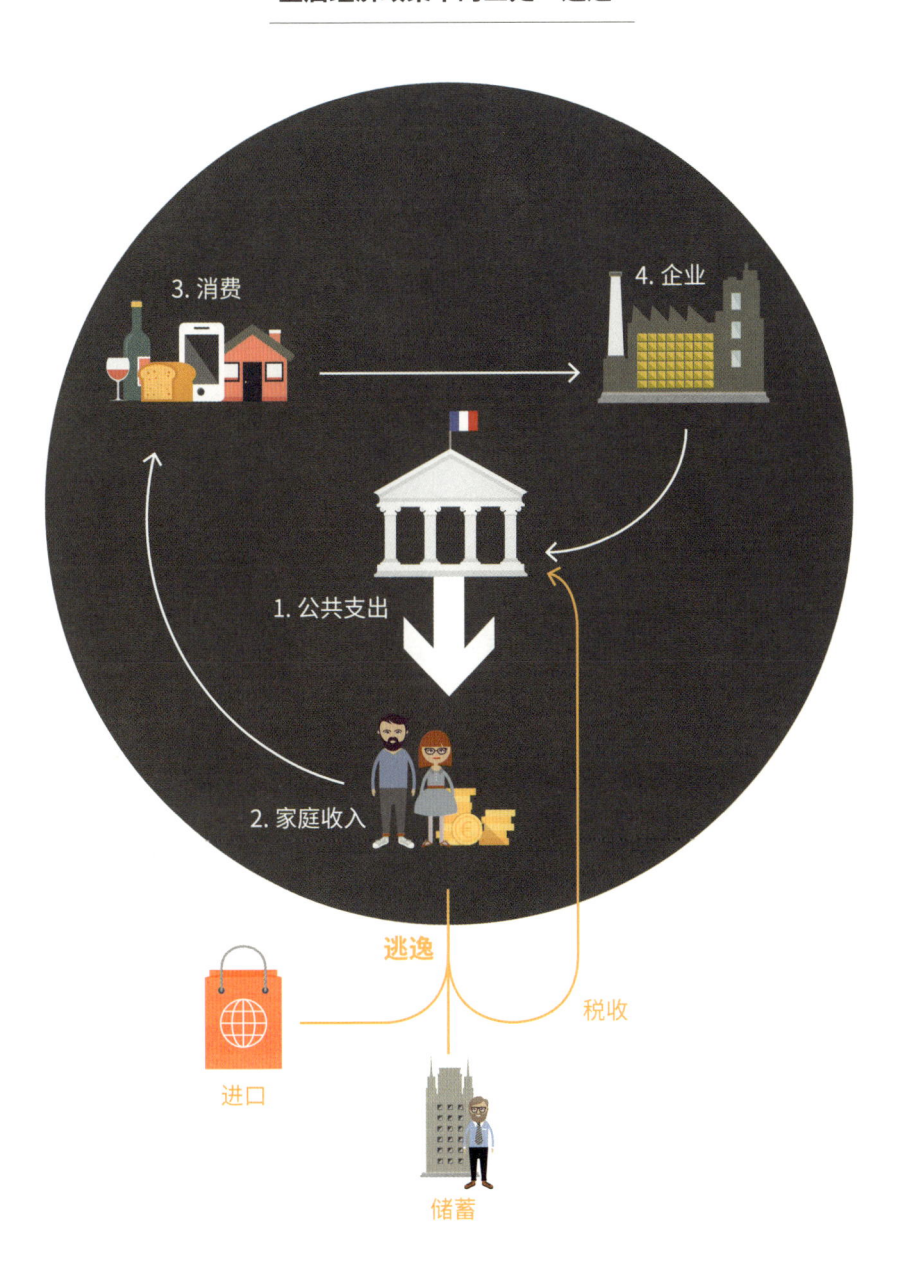

- 1. 公共支出
- 2. 家庭收入
- 3. 消费
- 4. 企业

逃逸

- 进口
- 储蓄
- 税收

学院的卡米耶·朗代（Camille Landais）、巴黎经济学院的托马·皮凯蒂和加利福尼亚大学伯克利分校的埃马纽埃尔·赛斯（Emmanuel Saez）证明，高收入阶层缴纳的赋税比率其实低于中等收入阶层，因为他们有很多途径可以避税减税。这种情况让美国亿万富翁沃伦·巴菲特（Warren Buffett）很震惊，因为他发现自己的赋税是收入的17%，而他的雇员却需要缴纳36%。

这种提高赋税的做法也有不足之处，富有人群可能因此放弃投资或者离开。但是这些损失是有限的，而且能够被弥补，因为低收入人群有了更多资金用于消费。此外，增加税收减少了富人的储蓄，从而减少了金融投机活动。

因此，有可能通过大型经济工程和税务政策来抗击失业。但是这些措施即使得到采用，仍然并不足够。达到充分就业的状态需要彻底整改经济体系。

重新掌控经济

如果希望重新掌控经济，第一件要做的事情就是重新调整金融，由于经济危机的家中和雇员财富分配的减少，金融系统不能健康运转。在这种情况下，需要采取的措施包括对金融交易征税、禁止高风险金融产品、取缔那些在避税天

第五章 失业是必然的吗

堂拥有分支机构的金融机构的从业牌照。就银行而言,有必要将一些银行国有化,同时需要拆分过于庞大的银行,因为拯救这种银行成本太高,还有,将储蓄银行和商业银行区分开来。

当然采取这样的措施并不容易,因为银行是有理由来反对的,比如银行会宣称转移业务,不再提供就业机会。但我们绝不能忘记,法国是一个拥有6500万消费者的富有国家,银行很难避开法国不做业务。政府因此是有谈判权的。

无论如何,控制金融是必要的,应当将社会财富引入环保经济的转型上去。然而,令人欣喜的是,事实上多项研究表明,环保经济的转型会创造就业:因此,汽车行业中被消除的工作岗位将被公共交通所创造的工作机会抵消。同样,住宅的隔热处理、生产过程中能源利用率的提高、增加可再生能源的使用创造出了数十万个工作机会。法国环境与发展国际研究中心(CIRED)的菲利浦·基翁(Philippe Quirion)表示,从目前到2030年,我们将制造63万份工作机会,就像库瓦[*]的项目,20年之内不再使用核能,从而将温室气体的排

---

[*] 库瓦(Negawat)协会于2001年在法国成立,在法国社会推广和发展的概念和实践。该协会希望减少人类对化石和核能的依赖,减少人类经济对生物圈和气候的负面影响,同时不丧失生活质量,满足所有人类和社会需要。——译者注

放变成十六分之一。

我们开始有了一个能够应对大规模失业的方案：再分配和大工程项目、掌控金融、生态转型。最后需要补充的是：减少工作时长。

工作时长减少

当务之急就是减少平均工作时长，首先是出于环保考虑，波士顿大学朱丽叶·朔尔（Juliet Schor）的研究表明，有更长休闲时间的人都有生态足迹较小，因为他们会花时间自己做事。相反，那些特别忙碌的人往往消耗更多自然资源密集的商品，比如加工好的食物。

更重要的原因是工作时间不断下降是一个不争的事实。1950年的法国平均每人每年的工作时长是2200小时，现在这个数字是1500小时。每年按照365天来计算，也就意味着1950年每人每天的工作时长是6小时，而现在这个数字是4小时。法国并不是唯一出现这种情况的国家，德国的年平均工作时长更短（1400小时），因为兼职的比重很大（27%的德国员工是非全日制工作，法国是18%）。

现在已经形成了全职工作、兼职工作、失业并存的局面。

男性和女性的就业情况有很大不同：只有7%的男性从事兼职工作，女性却高达30%（兼职工作机会的80%被女性占据）。

比现有情况更好的方法是妥善分配工作时长，比如创造更多休假，或者延长产假和育儿假。因为一个明显的事实是：在不减少工作时长的情况下，永远的充分就业，并且所有的工作机会质量都很高，在任何一个社会都是不可能的。

拒绝命运

并不是必须通过创造低质量就业机会，也不是必须要牺牲失业保险等社会福利，才能减少失业的。诚然，自由主义的方法很诱人，因为更容易操作，但是没有理由放弃更好的解决方案，它将使我们通过更好地控制经济来摆脱当前的危机，让每个人都有工作机会的同时减少所有人的工作时间。

但是目前这个话题并没有受到很多关心，因为所有注意力都放在了国家债务上面。国家债务的来源是什么？真的有必要，或者有可能还清公共债务吗？这就是我们在下一章要讲的话题。

个人负债、房地产和银行危机、
救助银行、公共债务、
减税、税务豁免

第六章

—

从危机到负债
From Crisis to Debt

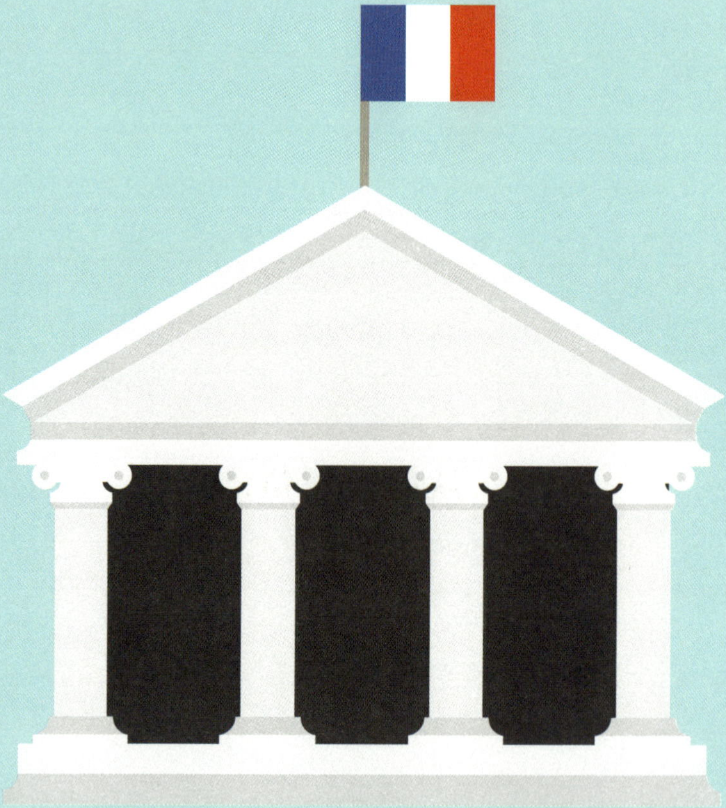

第六章 从危机到负债

经济大萧条

回顾现代经济史，1929年、1973年、2008年三次经济大危机历历在目。20世纪30年代的经济危机无疑是最严重的，世界工业生产减少了三分之一。70年代的经济危机也是史无前例的，法国1975年的国内生产总值仅下降1%，但是第二年国内生产总值就上升4%，1973—1980年间共增长了20%。我们可以看到，70年代的"危机"与其之前的强劲增长有多么大的关系。

当前的形势更为严峻，虽然2008年经济危机之后，经济复苏已七年，法国的经济生产还没有达到危机前的水平。自2008年以后，收入增长停滞，同期人口增长了200万。在这种条件下，人均可支配收入下降。更糟糕的是，就像希腊一样，很多人的收入折损了一半，甚至更多。

这种现象是怎么发生的呢？经济危机的主要原因是自从80年代中期以来，富裕国家的国家财富分配给雇员的部分越来越少。四个主要因素严重影响了员工的"议价能力"：失业、劳动力市场的"自由化"政策、工会影响力减弱和全球化。

在这种情况下，生产的产品和服务没有足够的消费者。经济循环不能"闭合"，经济衰退不可避免，必须找到新的市场需求。对美国来说（西班牙、英国、爱尔兰也相同），最佳方案就是增加家庭债务，2005年这个数字已经达到国内生产总值的100%。

但是，借债的前提是有人愿意出借，这就是罗纳德·里根总统开启并由比尔·克林顿总统延续的金融自由化的目的所在。成千上万的家庭，特别是贫困家庭，获得了原本认为无力承担的房贷，被称为"次级贷款"。对这些贷款者来说，必须寄希望于房价的迅速上涨来提高自己的生活水平，只靠个人收入提高是无法实现这个目标的。

金融创新在经济危机中扮演了重要的角色。为了解决不良贷款问题，银行将次级贷款合约打包成金融产品在市场上出售，购买者的收益建立在贷款还款基础之上。这种贷款的"证券化"也有允许银行不锁定其资金，并能够再次轻松放贷的优点。但是，银行是唯一知道所发放贷款的质量以及与之相关的、不还款风险的存在，这造成了不确定性，在危机爆发时将会是致命的。

另外，欺诈行为使事态更为严重。有的时候，一些中间商到普通家庭中开展推销，替本人填写个人信息（收入、抵押等），使用虚假信息让银行更顺利批贷。但是借款人本人并不了解所有信息，还款额在刚开始每个月不多，但是几年后

第六章　从危机到负债

突增。还有一些银行高管为了一己私利,采取"冒一切风险"的处事策略,将自己的公司置于险境。

21世纪初的美国经济建立在这样的基础之上:今日负债,明日暴富。但是这种观念是不对的,因为房地产价格是不会一直上涨的。最终泡沫破裂,自2006年房地产价格开始下跌。对众多美国家庭来说,这就意味着家庭财富的流失,他们正在通过房产升值来获得更多新的贷款,从而用于消费和子女教育。此外,美国央行还在此时加息,负债家庭的还款压力增加。最终,众多家庭无力归还"次级贷款",只能售出房产,导致房价进一步下跌。

这一切都严重影响了美国的经济发展,不过只是到这里,还不会引起严重的经济危机。但是不偿还贷款将给银行造成巨大损失,再加上最近几十年的"金融创新",最终引起金融市场的瘫痪。

恐慌笼罩市场

银行一方面受到还款违约的影响,一方面从没有偿还能力业主收回的房产价值不断下跌。部分银行被竞争对手收购,或者只能破产。几十年来的新措施使许多欧洲国家(比利时、荷兰、英国、爱尔兰、西班牙等）的银行和保险公司部分或全部国有化。这种策略的成本极其高昂。欧洲拯救法国、比利时、卢森堡跨国银行——德克夏银行就是一个例子，根据2013年7月审计法院公布的数据，拯救德克夏花费了66亿欧元，法国人人均100欧元。2008年10月—2011年10月，欧盟委员会共计批准了4.5万亿欧元国家救助资金用于金融机构，约等于欧盟国家国内生产总值的37%。

为什么要花这么多钱？既然法国每天都有数十家企业破产，为什么不能让银行也破产呢？答案来自20世纪30年代的教训。在那次经济危机中有数百家银行破产，导致信贷紧缩和储户的大规模损失。经济的命脉——货币流通被切断。人们于是学到了一个经验：不论银行做了什么，拯救部分银行都是有必要的，特别是最大的银行（它们"太大不能倒"），它们的重要性导致不能任其破产。

历史也在此证明了这样做的必要性。2008年9月14日，美国财政部长亨利·保尔森（Henry Paulson）决定任由莱曼兄弟银行破产。这个决定导致了多米诺骨牌效应，债权人损失惨重，银行信用全面受损，股市遭到重创。投资者试图撇清"有毒"资产，部分金融资产价值损失严重，甚至有一些已经不能估价。

因此，当局被迫进行干预：国家要确保银行的稳定性，向银行提供救助，在必要的情况下收归国有。中央银行大规模降低贷款利率，以增加信贷。2015年到现在，央行利率在欧洲和美国基本为零，银行的成本基本为零。

这些措施都产生了良好成效，避免了2008年的经济危机演化成30年代经济危机一样的巨大灾难。但是这些措施并没有带来金融复苏，因为对受到救助的银行提出了很多限制措施：控制收入、从避税天堂离开、禁止拥有高风险资产或者通过信贷分配的形式参与经济。尽管应该拆解巨型银行，减小它们的政治影响和经济体量，但这次经济危机导致的并购结束后，部分银行的体量变得更大了。

公共救助的成本非常高，解决债务大山的问题成为我们的首要关注点。

债务的陷阱

公共债务等于国家赤字的累加应付利息。具体而言，当一个国家想要借款时，在一张被称为"债券"的纸上（目前已经电子化）写明将在某个确定的日期归还这张纸的持有人某个金额。比如，2014年1月1日出售的1亿欧元国债，到了

2014年12月31日，国家会归还1.02亿欧元给持有人（利率是2%）。国债的购买者有银行、保险公司、养老基金等，它们希望能够获得利率，部分支付给储户。需要注意的是，存在一个国债交易市场，法国国债持有人可以出售国债，新的持有人可以在国债到期时获得本息。

在进行债务研究时，需要注意两个陷阱：国债的含义和国债占国内生产总值之比。

首先需要区分政府国债和国家债务，国家债务包含政府国债、个人和企业借贷（2014年法国该项总额是国内生产总值的220%）。所以一个国家的政府债务可能很少，但是企业和家庭的债务严重。西班牙就是这种情况，2008年经济危机之前，政府债务是国内生产总值的40%，但是家庭负债占国内生产总值的130%。这就是个人债务（家庭房贷）和金融机构债务最终导致经济危机的情况。

还需要注意国债持有者的身份。日本政府的国债占国内生产总值的245%，其中90%都为日本人持有。在这种情况下，只涉及本国经济的信贷循环。有钱的居民借贷给国家，国家通过向所有居民收税来还本付息。国家的整体状况不受影响，只要居民愿意向政府借款，那么国债就可以是没有上限的。

第二个陷阱是国债与国内生产总值的比。这个比率被广

第六章　从危机到负债

泛使用，但经常被误读。因为它将公共债务，也就是国家需要还款的全部金额，与当年国内新创造的财富总额进行比较。但是，经济行为参与者的债务总额超过当年新创造的财富，这种情况是很正常的。比如，一个家庭刚刚申请了住房贷款，它的债务总额肯定意味着很多年内的家庭总收入。

有人认为国债与国内生产总值占比超过100%是不可持续的，这种观点是不正确的，并且毫无事实依据。只有当政府需要一次性付清所有债务，因此征用本国在一年内所有新创造财富的时候，才有意义。通常情况下，政府只是每年付出利息，并归还已经到期的国债本金，这只占总债务的一小部分。因此国债不能超过国内生产总值的100%这个限制是不合理的，没有理由相信这种债务水平必然损害该国的经济。

但是，值得注意的是，债务是公共财政的成本，且一个国家需要做好还本付息的准备。

2015年，法国的国债达到国内生产总值的95.6%。其中三分之二的债务持有人是外国人，需要当心他们突然全部售出的情况发生，希腊就是出现了这种情况。所以政府采取了他们认为最有说服力的措施来制衡市场，比如减少社会支出或提高税赋。但是，过去的政策也能严重影响当前的总债务水平。

人为的负债？

2008年经济危机严重增加了国债，是受到国内生产总值下降、税收减少、公共支出增加（社会支出和银行救援）的三重影响。实际上法国公债在2007年只占国内生产总值的65%，比当前占比少30%。

但是经济危机并不是国家负债的唯一原因。从利昂内尔·若斯潘（Lionel Jospin）、让-皮埃尔·拉法兰（Jean-Pierre Raffarin）、多米尼克·德维尔潘（Dominique de Villepin）及弗朗索瓦·菲永（François Fillon）等政府，自2000年至2009年间都在大规模降低赋税、刺激经济发展。但是正如议员吉勒·卡雷（Gilles Carrez）在2010年一份报告中指出的，这种政策造成了严重的财政赤字，公债与国内生产总值占比提高了15%。政策主要有利于企业和富裕家庭[所得税、财产税、遗产税降低，特别是在尼古拉·萨科齐（Nicolas Sarközy）的5年任期期间降低明显]。国家税收从1999年国内生产总值的18%下降到2008年国内生产总值的14%，每年损失的国内生产总值为4%。这与2014年的财政赤字数额正好相近，甚至高于2015年的计划赤字规模（国内生产总值的3.8%，即890亿欧元）。

第六章　从危机到负债

根据一项综合若干组织的公民债务审计显示，如果政府收入停留在2000年（国内生产总值占比）之前的水平，政府债务只占目前国内生产总值的69.5%。审计结果还指出，如果政府公债发行对象是家庭和银行（利率高于通货膨胀率2%），而不是发行在金融市场，目前政府公债只占国内生产总值的40%。这也就意味着，改变经济政策可能将债务与国内生产总值占比减少一半。

债务只是经济危机造成的后果之一。危机的主要原因是股东资本主义制度迫使各国转向金融市场——即使这意味着要支付高昂的利息，同时减少向富裕人群和大企业的赋税从而吸引投资者。如今，紧缩政策，即减少社会支出、提高赋税，看起来是解决债务问题的唯一途径。真的是这样吗？

如何减少负债

首先要知道，通过紧缩经济政策来降低赤字是非常困难的。提高赋税就意味着家庭收入和消费的减少，也意味着企业收入的降低，最终导致国家税收的减少。经济活动的放缓还会导致失业，即使在削减社会预算的情况下，依然会导致社会支出的增加，使得降低财政赤字变得更加困难。

法国陷入的局面在20世纪30年代企业普遍调低员工收入时发生过。在前后两个时期，经济环有着同样的逻辑：家庭收入降低（降低收入或提高赋税）影响了企业产品的销售，导致经济衰退和失衡（财政赤字或失业）。

这似乎陷入一个困境：减少债务势在必行，但是为此做出的一切努力最终不利于经济健康发展，引发失业并最终加重财政赤字和债务。

如何走出这个困境，需要考虑家庭收入的差距。过去30年间，社会贫富差距进一步拉大，因为继承财富导致的不平衡特别严重。托马·皮凯蒂研究表示，10%的法国人每人可以获得100万欧元的财富继承。这一数字远远高于一半法国人以最低工资支付的一生收入（约70万欧元）。

瑞信银行调查表明，法国共有220万人口的百万富翁，是世界富翁占比最集中的国家之一。1%的法国人口拥有四分之一的国家财富，以及众多房产、土地、金融产品、企业股份、机械设备等。法国的继承财产总数是8年国内生产总值的总和，意味着最富有的那1%的人口获得的财产总值是整个法国两年社会生产的总值。政府赤字大约是国内生产总值的4%，所以只需要对富裕人口提高2%的税率就可以马上填补赤字，并慢慢偿还政府负债（在下一章将讲述托马·皮凯蒂就此提出的建议方案）。

另外，还要调整部分减税政策。国家为了引导市场行为所做的减税政策，其中有一些被证明代价高昂、作用有限。研发税补贴就是这种情况，每年消耗国家将近60亿欧元，但企业的研发支出却没有增加。

解决债务问题的途径是多种多样的，比如增加遗产税——法国三分之二的财富是继承财富，或者减少"税收漏洞"。但是，这两种情况下都会有人不乐意这种改变。只有坚定、有力的政治权力才能够采取上述措施，这意味着绝大多数选民都给予它明确的授权。但是目前这两个条件均未得到满足。

寻找出路

我们的第六章即将结束，在本章中我们试图寻找一些困难问题的答案，主要是解决失业和公共债务的问题。

在我们看来，能够让经济循环正常运行的办法就是采取充分就业的政策，修正税收制度、开发公共服务等都是宏大的愿景，没有任何一个主要政党曾经执行。

但是这还不够。我们需要的不仅是让经济循环起来，还要确保充分就业。同时，需要让经济与自然环境和谐共存，人民群众安居乐业。当前社会经济危机的威胁十分严重,但是与环境问题的威胁一比,经济危机并不算什么。

在这种情况下,我们的生产、交换、消费方式都需要改变,这是必不可少的。

环境退化、不平等加剧、碳税、
能源过渡、生活质量、遗产税

第七章

—

更公平、可持续的社会
A More Just and Sustainable Society

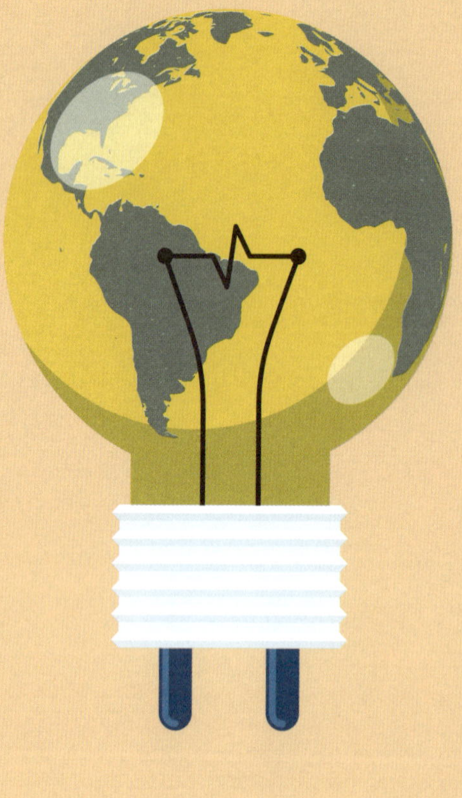

第七章　更公平、可持续的社会

灾难一样的现状

太平洋岛屿被海水吞没、澳大利亚干旱、日本海啸、法国风暴、冰川融化、生物多样性退化、海洋酸化、土壤退化……环境破坏越来越严重，甚至是毁灭性的。人类碳燃料的燃烧（煤、燃气、石油）导致二氧化碳堆积，气温不断上升。

如果什么措施都不采取，全球平均气温到21世纪末将提高6摄氏度。根据世界银行数据显示，气温如果提高4摄氏度就会导致一系列严重灾难。同时，会引发海平面上升（将涉及数百万人的迁置问题）、众多物种消失、登革热等疾病暴发、极端环境问题如热带龙卷风等。事实上，这种可以预见的气温升高将会导致巨大的气候变化，即使是气候学家也无法预测全部后果。情况可能更糟，让部分地球居民的生活情况严重恶化，比如一个可能性是饮用水资源缺乏。

除了干扰自然，人类活动每天都在挖空地球。"全球足迹网络"非政府组织每年都会计算"超载日"，也就意味着我们需要停止制造和消费的日期，只有这样才能保护地球*。在1992年，这个日期是10月21日，在2014年是8月18日。换

---

* 地球超载日，之前被称为生态负债日，指每年地球进入生态赤字状态的日子，即是全球的生态足迹超越地球可用的生物承载力。——译者注

句话说，人类每年都消耗1.6个地球。根据该非政府组织反映，到2050年，人类每年将消耗2个地球。

法国对环境破坏的影响极大，消耗了比本国占有量多70%的资源。但是还有更糟糕的情况：如果想要过上美国的生活方式需要5个地球，实现欧洲生活水平需要3个地球（尽管亚太地区的生活方式大致上是可持续的）。换句话说，我们每年都更多地消耗"自然资本"。如果大树的果实不能满足我们，我们就只能每年砍伐树木，直到世界上不再有树木、不再有果实。

人类是自然环境的巨大破坏者。这种情况是自从19世纪工业革命时期以来形成的生活方式导致的，80年代开始的股东资本主义又加重了对环境的破坏。

社会和环境的不平等并驾齐驱

股东资本主义的特点是不平等的成倍加剧，资本的占有者和劳动者之间的差距逐渐拉大，劳动者内部之间的差距也在增大。卡米耶·朗代研究了1998—2005年的情况后指出，法国90%的人口在8年内收入只增长了4%。相反，占比0.01%的富裕家庭（不到3000个家庭）的收入增长了42%。

对部分行业来说,收入增长非常迅猛,如运动员、高级白领等。如奥利维耶·戈德肖(Olivier Godechot)所说,这些职业都是与金融相关的,这也解释了收入增长的本质。

财富不平等与环境恶化是紧密相连的。一方面是因为最贫穷的人受到油价上涨、食物价格上涨和环境变化影响最严重的人。他们的房子便宜,地势可能较低,气候变化引起洪水,可能只有他们的房子被淹没。另一方面是因为越是富有的人,消费越大,他们所做的无用消费是对环境的巨大破坏。这种浮夸的消费方式首先是为了与众不同,希望其他人效仿。这样会导致更多的人去消费和浪费,人们会希望将最新潮的产品据为己有(手机、电脑、衣服等)。

我们的经济发展方式遇到了两个不平衡,两者相互影响,它们是环境恶化和严重的不平等。如果我们希望在一个可持续的、公正的世界中生活,我们需要做出改变。那么要如何改变呢?

碳税的斗争

环境问题的解决方案众所周知,主要分为三个方面:大规模使用可再生能源(风能、太阳能、生物能等),降低用于生产和消费的能源质量，设立税项和配额以减少能源消费。

最困难的不是技术问题，应该是思想问题。我们的领导人显然还没有意识到环境问题的严重性和紧迫性。环境问题同时既是经济问题，也是政治问题。在很多情况下，保护环境的最初费用是非常昂贵的，需要找到补贴此代价的方式。

这些困难首先体现在碳税（官方名称"能源环境份额"）的废弃问题上，碳税的目的是提升化石能源的使用代价。为了大规模减少二氧化碳的排放，碳税的征收是势在必行的。碳税已经起到了作用：石油价格是之前没有碳税时候的5倍，因此汽车制造商开始寻求推出节能车辆款式。利用能源财税政策，而不是对用工征税，能够减少失业（人力成本降低）和缓解污染（提高环境税赋）。这种两全其美的政策是非常难得的。

但是问题来了，碳税如何做到合理征收，避免不适宜征收的人群呢？比如，在市中心工作的中产阶级，每天骑自行车或乘坐公共交通工具回家；由于市里住宿太贵，选择在郊区住宿的工人；靠微薄的退休金生活的老人，需要燃油取暖；农村家庭等。如何让碳税的征收不会影响重工业企业的竞争力呢？

一个根本的解决方案就是重新进行财富分配。低收入人群如果获得了生活水平的显著提升，就会愿意将收入的一部分用于环境支出，比如，购买一辆低污染的新汽车或一台新的电暖气锅炉。也可以根据收入水平，向贫困人群划拨资金补贴。但是我们知道，还需要考虑他们的能源消耗才能决定补贴金额，这是很难计算的。

最好的触及源头的解决办法是改善住房的隔热性能，由公共机构（尤其是地方政府）进行100%的补贴。这种办法可以起到创造就业和减少污染的作用。但是还需要个人行为与之相适应：现在很多住房的取暖都达到了21摄氏度，但其实并不需要这么高的温度。从更普遍的角度看，所有事情都不能沿用之前的旧路。那些选择了在远离工作岗位、没有公共交通的地方居住的人，必须接受油价成本不断提升的现实。其实正是因为油价过低导致城市不断扩张，造成巨大的环境污染。

但是个人行为，即使是最良好的个人行为，也是不够的。幸运的是，我们有集体举措可以弥补不足。

二氧化碳减排——必要但还不够

首先给大家提供一个好消息：欧盟在减排二氧化碳方面比预期做得更好。事实上，欧盟已经实现了到2020年碳排放量比1990年减少20%的目标，这个目标是在《京都议定书》中提出的。欧洲委员会决定进一步利用这一优势，要求到2030年碳排放减少40%，到2050年减少80%—95%。

但是对于这个好消息还是要三思：首先，这个降低主要是工业生产采取了更严格的限制措施实现的，交通中的温室气体排放量反而上升了。因为经济交往的频繁和个人出行，要实现交通温室气体的减排非常困难。此外，进口量的增加使欧洲的二氧化碳排放量减少，污染被转移到生产我们所消费商品的工厂所在的国家。但是这个计算并没有将进口商品造成的交通增加，导致温室气体排放的情况计算入内。

另外，这个好消息是非常片面的。首先是因为欧盟的排放量占世界的11%，因此需要美国等国家效仿欧洲。同时也是因为，正如众多科学家所说，即使二氧化碳大规模减排，也不一定能够避免环境灾难，因为目前大自然积攒的碳排放量已经很大，且存在了几个世纪。事实上，只减少碳排放是不足够的：需要完全停止二氧化碳的排放，才能够将环境状态稳定。

污染减轻不能解决自然环境枯竭的问题，也不能解决垃圾堆积的问题。因此，我们必须继续展开更具雄心的计划。

第七章　更公平、可持续的社会

能源过渡路线图

为了找到前进的方向，我们关注了魏伯伦研究所的研究人员菲利普·弗雷莫（Philippe Frémeaux）、沃伊特克·卡利诺夫斯基（Wojtek Kalinowski）和奥萝尔·拉吕克（Aurore Lalucq）的研究方向，他们指出了七个首要任务。他们认为，首先有必要建立一种可持续的生态农业，减少化学产品的使用、提高人力劳动的使用，选址更靠近消费市场。同时，需要研究城市组织的方式，从而优化城市布局，形成减少汽车出行，优先、广泛使用"轻型"交通（步行、自行车、公共交通）的局面。

同时需要推广回收利用，惩罚不这么做的消费者，向工业生产者强制推行环保生产的理论（减少包装、方便产品的各部件的分类回收等）。推广使用公共物品，使用低污染汽车、倡导二手市场……就其本身而言，公共当局必须鼓励那些让所有人受益的物品和服务（比如教育），要通过税收等方式，抑制奢侈品消费（比如大排量汽车）。

生产需要去中心化，优先考虑短途路线，从而减少交通污染。最后，将民主扩展到所有级别，让所有的参与者（生产者、雇员、消费者、公共领域从业者、协会、合作社等）能够碰面，并找到解决问题的最佳方法。

我们需要多种方式来实现这些目标，从宣传到税收鼓励（比如汽车补贴）或制定规则（比如新增建筑建设规则）。还有一些更严苛的政策，如限制每人每年航空旅行次数，还没有施行。但是最好不要高兴得太早，也许不远的未来就需要采取这些政策，与现在不同的是，这些政策有可能会格外严苛。

只有未来能够证明我们做对了什么，我们的子孙后代才会评论我们是否成功。但是这项工程是浩大的，而且如果没有消除不平等政策的配套，环境保护政策一定会失败。

为什么平等对所有人来说都是最好的

对不平等的研究在近几年时间内发生了重大变革，主要是约克大学的凯特·皮克特（Kate Pickett）和理查德·威尔金森（Richard Wilkinson）的研究成果引起的。他们证明了不平等不仅影响经济和社会，还会影响多个领域。因此，他们认为，最平等的社会是儿童的数学和阅读成绩最好的社会，是超重青少年和早孕最少的社会，是监禁率最低的社会，是创新和回收利用最发达的社会，是平均健康状况最好的社会；

第七章 更公平、可持续的社会

以及，是上升流动机会最高的社会。

换句话说，最平等的社会是生活最美好的社会。当然，我们观察到的关系往往是双向的：正如北欧国家一样，教育帮助更多孩子成功，社会的流动性更强。相反，教育制度的失败说明一些资本主义国家（如美国）不平等的严重性。我们可以看到，打败不平等就可以形成一个良性循环：好的教育和健康政策让人们能够在各个领域做出正确的选择（包括是否控制饮食、避免15岁早孕、杜绝违法乱纪行为，以及分类回收垃圾），能够不断创新，从而提升经济活力。同时，高税收可以保证公共服务的质量，同时限制不平等现象。

两位研究人员得出结论：不平等是致命的，在巴黎最贫穷的地区，预期寿命比富有地区的预期寿命低5—8岁。他们指出，如果这种现象是由传染病之类的情况引起的，那么政府应该早就迅速采取了措施。但是由于这只是社会不平等导致的间接结果，政府采取的措施就并不那么有效。

皮克特和威尔金森还质疑了"经济增长一定有利于生活幸福"这个大家都认可的观点。他们指出，在一些富裕国家，平均收入（人均国内生产总值）的差异对居民身体健康没有丝毫影响。在经济危机前，希腊和葡萄牙两国的预期寿命与美国相同，但是它们的人均收入比美国低50%。还有，在最不平等的国家里，富有人群的身体状况并没有平等国家里的穷苦人好。英国最有特权的专业人士的寿命也许没有瑞士最贫穷的工人长。不平等不利于所有人，即使是最富有的人，这个结论简直闻所未闻。

如何解释这种状况呢？这是竞争带来的压力。在一个不平等——因此竞争非常激烈——的社会，每个人都知道不努力可能失败，受到来自其他个体的潜在竞争威胁。因此整个社会形成一种普遍的压力，心血管、癌症和其他严重疾病的发病也与此相关。皮克特和威尔金森发现，美国移民的孩子虽然比自己的父母生活条件优越，但是身体并没有父母好，原因就是他们时刻将自己与身边的美国同学做比较，而他们的父母只与留在国内的其他家族成员做比较。

在最平等的那些国家里，比如北欧，合作气氛非常浓厚，特别是在学校里。他们非常重视"自我评估"与"互相帮助"，并不将个人致富作为生命存在的意义。学校教育是竞争性的还是合作性的，这对于未成年人的未来是具有关键作用的。

如果环境是竞争性的，孩子就会将其他人视为竞争对手。如果环境是建立在体谅和共生基础之上的，孩子会建立起有爱的人际交往关系，愿意去帮助别人。在这两种情况下，情感和认知的开发是不一样的，会对孩子成年以后的行为产生影响。我们发现，社会的形成是建立在地位基础之上的，比如在法国，不论是在学校还是在公司里，每个人的社会地位都有细微区别。这样的社会鼓励了消极的态度、鼓励竞争、崇尚权力的文化，这对个人自信和合作型社会关系的建立都没有好处。

如何消除不平等呢？在皮克特和威尔金森看来，税收的作用非常重要，但是他们指出经济领域的民主十分关键。他们指出了工薪阶层实际参与企业决策的重要性，鼓励社会经济和合作经济（建立在互助会、社会团体、合作社等基础之上），鼓励企业在员工遇到困难时候伸出援手，给他们的事业提供助力。

不平等在世界各地都在抬头，托马·皮凯蒂最近指出了这种现象。关于不平等现象的研究已经进入第二个迅速发展的阶段。

资本回报

不平等现象在19世纪非常严重，后来由于20世纪递进税制（收入越高、缴税越高）在所有发达国家实行，不平等现象减退。到了20世纪60年代，不平等现象触底，之后由于金融自由化和税率的降低而迅速反弹。美国的不平等情况甚至超越了1900年的水平。法国的情况没有这么明显，但也存在相同的势头。私有财产（房地产、金融资产或商业资产）目前在法国的体量相当于五年的法国国内生产总值，而这个数字在1950年仅为两年。

皮凯蒂研究发现，在国民生产总值最高增长2%的情况下，有6%—7%的资本流向富裕人群（以收入、分红、利息、房租等形式）。家族资产与国民收入赛跑，家族资产每年都跑赢。换句话说，持有资本是比打工更好的获得收入的方式。

在这种情况下，该怎么办呢？提高赋税。在过去几十年间，不论是个人所得税（经济合作与发展组织成员国的个人最高税率1981—2014年间从65%降至41%），还是企业所得税（其金额从利润的47%降至25%），赋税都大规模降低了。

但是在美国，在1930—1980年将近半个世纪时间里，最高的个人所得税率达82%。高额赋税用于支持公共服务，也用于保持经济循环的开放性：没有人能够到达无人可及的特权位置，人们通过勤劳工作而不是房租、分红来获得主要收入。

皮凯蒂的建议是对资本征税。他建议100万欧元以下的继承财产不征税，100万至500万欧元的财富征税1%，500万以上财富征税2%。此税种应当在整个欧洲征收，将带来欧洲

收入不平等：欧洲对比美国（1900—2010年）

高收入国民收入占比

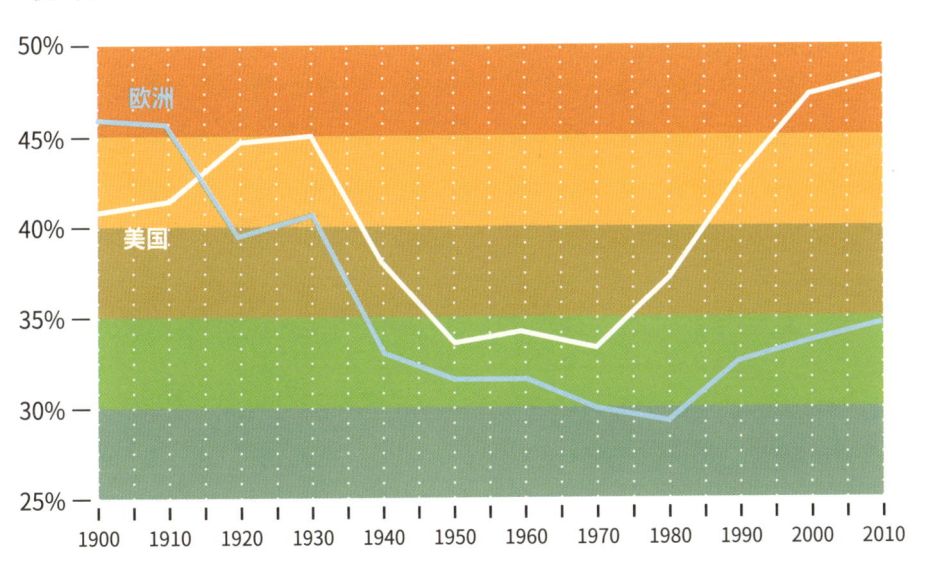

(纵轴：25%—50%；横轴：1900—2010年)

欧洲
美国

1900—1910年，收入最高的欧洲人中前10%的国民收入所占比例显著高于美国。如今，收入最高的10%的美国人几乎占据了本国每年生产财富的一半。

资料来源：托马·皮凯蒂
http://piketty.pse.ens.fr/fr

国内生产总值2%的收入。2014年欧洲的公共赤字为3%,此税种可以弥补赤字的三分之二。

这也就意味着,减少不平等现象的方法如此之多,恰好证明了社会科学的创造力。

社会科学能拯救社会吗

总的来说,经济学家并没有帮助社会走出经济危机,他们的错误建议倒是有可能让事情更糟糕。整体上看,经济学家总是在事后开展分析。自由主义经济学家在1929年经济危机中束手无措,凯恩斯主义经济学家并不能解释20世纪70年代社会的巨大变化,自由主义经济学家则在2008年的金融危机中再次感到措手不及。

本章我们讨论了两个重要问题——环境和不平等。环保主义者已经从70年代就提出我们当前的生产方式不可持续(让我们想想罗马俱乐部的报告)。但是大多数经济学家仍然选择了装聋作哑,只有少数人今天在工作中考虑到环境的问题。社会不平等的研究学者也一直处于边缘化状态,可是数据显示从80年代以来不平等就有所抬头。

我们拥有充分的证据来表明,目前环境的恶化和不平等

第七章　更公平、可持续的社会

的加剧已经非常严重，它们是相辅相成的关系。幸运的是，我们意识到它们的存在，而且拥有很多种解决办法，只是需要去将这些办法付诸实践。

结论
Conclusion

经济首先是在人文环境和自然环境中形成的财富流动。为了使其运作良好，经济需要与环境和谐共存，经济内部也需要实现制造财富和分配财富的平衡。

"光辉三十年"是经济稳定的特殊阶段，很多目标得以实现，比如，人民生活水平提高、充分就业和公共财政平衡。但是，这个时期也见证了环境的退化和众多人口工作与生活环境的恶化。建立在重建秩序和赶超美国基础之上的"光辉三十年"，不可能一直延续，20世纪60年代末开始走下坡路。

70年代的经济危机开启了第二个历史阶段，我们目前还处于这个阶段，这就是股东资本主义阶段。这个阶段的特征是多种经济危机和不平等加剧，环境持续恶化。众多问题一起涌现，在贫困、公共债务、事业、养老金、公共服务恶化、居住条件堪忧等困难问题中，我们不知道应该先解决哪一个……

各种证据表明，股东资本主义对个人生活水平提升无益，其中存在的问题似乎很难解决。本书在解决这些问题的方向上试做了一些努力，比如环境问题、人人平等问题等，希望建立另外一种生活方式，不过还有很多其他方法。

事实上，我们已有不少论据、想法和实际经验，以建立一个较平等和污染较小的社会。但是我们面临的困难也是异

结 论

常艰巨的，像20世纪的西方民主派那样企图控制市场的做法是不够的。我们需要承认，经济增长不会永恒，我们的世界是有限的，而承认这些所需要的勇气也是空前绝后的。我们面临的挑战很大，但没有其他选择。困难存在，我们就必须面对。

参考文献
References

第一章 经济循环

- Michel Husson, *Le Capitalisme en dix leçons*, Zones, 2012.
- Jim Stanford, *Petit cours d'autodéfense en économie. L'abc du capitalisme*, Lux Éditeur, 2011.

第二章 "光辉三十年"：经济稳定期

- Jean Fourastié, *Les Trente Glorieuses*, Hachette, coll. « Pluriel », 2011 (édition originale, 1979).
- René Lenoir, *Les Exclus. Un Français sur dix*, Seuil, 1989 (édition originale, 1974).

第三章 1973年经济危机：通货膨胀是最大的难题

- Laurent Cordonnier et al., *Le Coût du capital et son surcoût*, Rap-port de recherche du Clersé, janvier 2013.
- Jean-Luc Gréau, *Le Capitalisme malade de sa finance*, Gallimard, coll. « Le Débat », 1998.
- Michel Husson, « Le partage de la valeur ajoutée en Europe »,

Revue de l'IRES, n° 64, 2010.
- Bruno Marcel, Jacques Taïeb, *Les Grandes Crises. 1873-1929-1973-2008?*, Armand Colin, coll. « Cursus », 2014.
- Jean Gadrey, *Adieu à la croissance. Bien vivre dans un monde soli-daire*, Les Petits Matins/Alternatives économiques, 2011.

关于工资总额在增加值中所占份额下降的程度，存在激烈的辩论。请参考：
- Denis Clerc et Michel Husson dans la revue *L'économie politique*, n°s 41 et 42, 2009.
- Lire également Philippe Askenazy, Gilbert Cette, Arnaud Sylvain, *Le Partage de la valeur ajoutée*, La Découverte, coll. « Repères », 2012.
- Jean-Philippe Cotis (dir.), *Partage de la valeur ajoutée, partage des profits et écarts de remuneration en France*, rapport au président de la République, mai 2009.

第四章　股东资本主义：金融至上

- INSEE, *Les inégalités de patrimoine s'accroissent entre 2004*

- *et 2010*, novembre 2011.
- Institut des politiques publiques, *La finance est-elle devenue trop chère ?*, note n° 10, juin 2014.
- Paul Krugman, *Sortez-nous de cette crise… maintenant !*, Flamma-rion, coll. « Champs actuel », 2013.
- Dominique Plihon, *Le Nouveau Capitalisme*, La Découverte, coll. « Repères », 2009.
- Crédit suisse, *Global Wealth Report*, annuel.
- *Problèmes économiques, Comprendre le capitalisme*, hors série n° 5, mars 2014.
- Joseph E. Stiglitz, *Le Prix de l'inégalité*, Les liens qui libèrent, 2012.
- Gabriel Zucman, *La Richesse cachée des nations. Enquête sur les paradis fiscaux*, Le Seuil, coll. « La République des idées », 2013.

第五章 失业是必然的吗

- *Alternatives économiques, Chômage : a-t-on vraiment tout essayé ?*, Hors série n° 99, décembre 2013.
- ATTAC, *Avenue du plein-emploi*, 2001.

- Pierre Cahuc, André Zylberberg, *Le Chômage, fatalité ou nécessité?*, Flammarion, coll. « Champs », 2005.
- Laurent Cordonnier, *Pas de pitié pour les gueux. Sur les théories économiques du chômage*, Liber, coll. « Raisons d'agir », 2000.
- Camille Landais, Thomas Piketty, Emmanuel Saez, *Pour une révolution fiscale. Un impôt sur le revenu pour le XXIe siècle*, Le Seuil, coll. « La République des idées », 2011.
- Margaret Maruani, *Les Mécomptes du chômage*, Bayard, 2002.
- Philippe Quirion, « L'effet net sur l'emploi de la transition énergétique en France : une analyse input-output du scénarionégaWatt », document de travail du Cired, n° 46, 2013.
- *Regards croisés sur l'économie, L'Adieu au chômage*, La Découverte, 2013.
- Juliet Schor, *La Véritable Richesse. Une économie du temps retrouvé*, Éditions Charles Léopold Mayer, 2013.

第六章 从危机到负债

- Michel Aglietta, *La Crise. Les Voies de sortie*, Michalon, 2010.

Gilles Carrez, Rapport d'information n°2689, Assemblée nationale, 30 juin 2010.

- Christian Chavagneux, *Une brève histoire des crises financières. Des tulipes aux subprimes*, La Découverte/poche, 2013.
- Collectif pour un audit citoyen de la dette publique, *Que faire de la dette ?*, mai 2014.
- Crédit suisse, *Global Wealth Report 2013*, septembre 2013. Thomas Piketty, « L'enjeu fiscal est d'abord un enjeu démocratique », *Alternatives économiques*, n° 336, juin 2014.

第七章 更公平、可持续的社会

- Philippe Frémeaux, Wojtek Kalinowski, Aurore Lalucq, *Tran-sition écologique, mode d'emploi*, Les Petits Matins/Alternatives économiques, 2014.
- Olivier Godechot, « La finance, facteur d'inégalités », *www.laviedesidees.fr*, avril 2011.
- Camille Landais, « Les hauts revenus en France (1998-2006) : une explosion des inégalités ? », École d'économie de Paris,

juin 2007.

- Éloi Laurent, *Le Bel Avenir de l'État providence*, Les Liens qui libèrent, 2014.

- Kate Pickett et Richard Wilkinson, *Pourquoi l'égalité est meilleure pour tous*, Les Petits Matins/Institut Veblen, 2013.

- Thomas Piketty, *Le Capital au XXIe siècle*, Le Seuil, coll. « Les Livres du nouveau monde », 2014.

参考网站
Website

- WWW.ALTERNATIVES-ECONOMIQUES.FR
《经济抉择》。主要内容为经济热点和基础问题讨论，凯恩斯主义方向。

- WWW.INEGALITES.FR
不平等现象研究中心。数据充实，贫困、收入、财产相关。

- WWW.OFCE.SCIENCES-PO.FR/BLOG/?LANG=FR
OFCE是巴黎政治学院的经济学研究中心致力于经济政策研究的博客，凯恩斯主义方向。

- HUSSONET.FREE.FR
米歇尔·于松是法国经济社会研究所的经济学家。网站上有丰富的研究资料，关于公共服务、就业、薪酬、利润、退休者等，马克思主义方向。

- VEBLEN-INSTITUTE.ORG/?LANG=FR
魏伯伦研究所。发表内容关于环境和社会公平。

参考网站

- WWW.TERRAECO.NET

《环保地球》。关于生态过渡的杂志及网站。

- WWW.LESECHOS.FR

《回声报》。关于经济热点的日报,自由主义方向。

- WWW.PROJECT-SYNDICATE.ORG

"工会项目"组织。提供美国经济学家,比如西蒙·约翰逊(Simon H. Johnson)、丹尼·罗德里克(Dani Rodrik)、鲁里埃尔·鲁比尼(Nouriel Roubini)、约瑟夫·斯蒂格利茨(Joseph Stiglitz)等人作品的法文版本。

本书作者的其他作品

La Dispute des économistes(《经济学家的辩论》), Le Bord de l'eau, 2013

Les Éconoclastes. Petit bréviaire des idées reçues en économie (ouvrage collectif)(《碎片经济学：关于经济学基本观点的必读书》), La Découverte, 2004.

致 谢

诚挚感谢马蒂厄·比内尔（Mathieu Bunel）、让·加德雷、热拉尔·格罗斯（Gérard Grosse）、阿蒂尔·雅托（Arthur Jatteau）、若纳唐·马里（Jonathan Marie）和厄尔万·勒纳德尔（Erwan Le Nader），感谢他们对本书的阅读、建议和鼓励。感谢马蒂厄·科克（Mathieu Cocq）、贝尔纳·盖里安（Bernard Guerrien）、莱昂纳尔·穆兰（Léonard Moulin）对本书初稿的评语。同样感谢托马·达莱里（Thomas Dallery）在数据提供方面给予的宝贵帮助。感谢皮埃尔·孔恰尔迪（Pierre Concialdi）对"辉煌三十年"期间的贫困问题提供的参考。最后，我想要特别感谢米歇尔·于松,感谢他的耐心、点评、建议和在诸多方面给予本书的帮助。